MADAME NANCY

a espanhola

Letra Espírita

Murilo Viana
pelo Espírito Nancy

MADAME NANCY

a espanhola

Campos dos Goytacazes, 2023

1ª edição – Fevereiro/2023

O autor cedeu, a título gratuito, os direitos autorais para a editora Letra Espírita.

A editora Letra Espírita apoia projetos diversos em prol da divulgação do Espiritismo.

CAPA E DIAGRAMAÇÃO: Gabriela Dias

ILUSTRAÇÕES: Freepik.com

IMAGENS DA CAPA: Alexander Jawfox [Unsplash.com]

REVISÃO: Rafaela Paes e Daniela Ferro

COORDENAÇÃO EDITORIAL: Murilo Viana

TÍTULOS: Hadijah Free Trial [Ridtype]

TEXTO: Crimson Text [Sebastian Kosch]

Contato e pedidos:

vendas@letraespirita.com.br

(22) 2738-0184 | (22) 99820-3332

Dados Internacionais de Catalogação na Publicação (CIP)
(Câmara Brasileira do Livro, SP, Brasil)

Nancy (Espírito)
Madame Nancy : a espanhola / pelo espírito de Nancy ; [psicografia de] Murilo Viana. -- Campos dos Goytacazes, RJ : Letra Espírita, 2023.

ISBN 978-65-88535-45-5

1. Espiritismo 2. Psicografia 3. Romance espírita I. Viana, Murilo. II. Título.

22-138988 CDD-133.9

Índices para catálogo sistemático:

1. Romance espírita psicografado : Espiritismo 133.9

Inajara Pires de Souza - Bibliotecária - CRB PR-001652/O

Sumário

Amados irmãos e queridos companheiros de trajetória terrestre, chamo-me Juarez Soares e nestas breves linhas venho-lhes trazer uma breve reflexão em torno da obra à qual terão acesso com a presente oportunidade.

A história de *Madame Nancy – A Espanhola* é livremente inspirada em fatos reais da nossa companheira, que chamaremos de ora em diante de *Nancy*, uma vez não sendo necessária qualquer revelação real de seu verdadeiro nome e a qual tivemos a honra de conhecer e conviver durante os trabalhos de atendimento espiritual realizados em nosso agrupamento.

Por meio de um dos socorridos, tivemos contato com este Espírito e, ao sabermos de sua trajetória reencarnatória, consideramos ser útil convidá-la para narrar sua experiência para que possamos, unidos pelo propósito maior de Divulgação da Doutrina do Cristo, levar esclarecimento às almas desejosas e necessitadas.

O convite foi aceito de pronto. Muito espirituosa como ela mesma afirma ser, aceitou o desafio sem titubear e sob supervisão e orientação de nossa equipe de companheiros, conheceu nossos trabalhos, foi introduzida em nosso agrupamento de trabalhadores, estudou sobre nossas atividades e, em momento oportuno, foi trazida a narrar a sua trajetória junto ao jovem médium psicógrafo que iniciávamos na aventura da Literatura Espírita já há algumas oportunidades.

Não obstante a impossibilidade de sua presença em determinadas situações, jamais incorremos na falta da mensagem quando possível de ser desenvolvida a trama literária, tendo nestes casos nós mesmos trazido o que ela desejava que fosse contado e escrito, haja vista a imprescritibilidade do trabalho a ser concretizado por todos nós e a prévia noção do que seria desenvolvido pelo Espírito junto ao médium por meio dos originais e manuscritos existentes em nosso plano. Saibam que, antes deste material chegar em vossas mãos e antes mesmo do desenvolvimento editorial do plano terreno, foi realizado todo um grande trabalho no Plano Espiritual para que a obra fosse desenvolvida, assim como ocorre com todas as obras genuinamente oriundas da Espiritualidade.

Naturalmente, determinadas informações contidas nas linhas a serem apresentadas foram modificadas quando comparadas à trajetória real das personagens centrais, haja vista que não é do nosso interesse e nem é objetivo desta obra fazer revelações de caráter pessoal de quaisquer personalidades citadas, e nem vangloriar a vã curiosidade de leitores menos dedicados à profundidade dos ensinamentos doutrinários. Nosso objetivo é unicamente transmitir o ensinamento intrínseco no conteúdo sublime e consolador encontrado nas entrelinhas, e somente o leitor atento poderá debulhar-se nas lições que esta trajetória reencarnatória pode trazer a todos vós.

Que esta leitura possa abençoar e iluminar a todos os corações aos quais tocará. Que possamos todos compreender a necessidade da vigilância e retidão de nossas condutas e pensamentos, que possamos compreender a premente necessidade de evolução espiritual e que esta pode ocorrer em quaisquer etapas de nossa existência, em ambos os planos da vida, e que não há mal que não possa ser reparado, nem conduta que não possa ser redimida. *Vós sois o sal da Terra e a luz do mundo,* disse nosso Mestre Jesus a todos nós. Ora, que lutemos para fazer jus a esta responsabilidade que nos cabe a todos, a fim de não adiarmos mais a premente hora da evolução chegada para nosso orbe planetário. Vós, assim como nós que ora estamos neste outro plano, tendes a responsabilidade explícita de praticar a caridade genuína, e esta caridade consiste primeiramente em reformar-se pois, como tendes a ousadia de desejar mudança externa no mundo em que viveis se não sois capazes de mudar intimamente? Por cá já temos lutado por esta consciência; e vós, quando despertareis?

Que a paz do nosso Senhor Jesus Cristo esteja com todos e que possam usufruir de excelente leitura e aprendizado.

Juarez Soares
14 de julho de 2022

1.
CAPÍTULO

CAPÍTULO 1

– *Yo soy Madame Nancy, la española!* – Era assim que eu me apresentava no Cabaré de Madame Nancy.

Impaciente. Sempre fui. Não tinha paciência para lidar com minhas meretrizes. Constituir família? Jamais pensei! Não teria calma para cuidar de marido, filhos e ser esposa dedicada ao lar. Nunca tive habilidades para assuntos domésticos.

Quem diria que meus pensamentos iriam mudar tanto após uma noite de festas em meu cabaré, quando conheci aquele que arrebatou meu coração e me fez enxergar de uma forma diferente tudo a minha volta.

Rapaz de pele clara, alto, loiro, de olhos penetrantes, com seus trinta e poucos anos. Nunca o tinha visto. Logo me encantei pelo homem e fui ter com ele. Como habitualmente faço, cumprimentei-o:

– *Yo soy Madame Nancy, la española!* – disse, olhando-o penetrantemente nos olhos e com um leve sorriso. Não posso esquecer-me que contava eu com um cigarro na boca, um mal hábito que adquiri nos anos de vida que levei enquanto ainda no orbe planetário encarnada. Era comum eu e minhas meretrizes fumarmos e bebermos, era uma forma de nos apresentarmos à frente de nosso tempo. Quão iludidas éramos!

– O prazer é inenarravelmente meu, Madame Nancy – respondeu o jovem rapaz retribuindo meu olhar de forma penetrante. – Ouvi falar muito de seu cabaré – finalizou com um leve sorriso em seu rosto.

– E que homem ou mulher nesta localidade não ouviu falar do Cabaré de Madame Nancy?! – Dei gostosa risada ao fazer este sarcástico comentário e dei uma tragada no cigarro que segurava em mãos.

– Vejamos se os serviços prestados condizem com o que falam – comentou ele ao fazer sinal para que um garçom fosse levar uma bebida.

Estava arrebatada com o poder de persuasão daquele homem. Encantador! Mas quem seria ele? Já estava pensando qual das meninas seria a mais adequada para se divertir com ele. Apesar de estar bastante atraída, já havia passado minha época de estar com clientes. No auge de meus 48 anos de idade, já era velha para os padrões sociais da época.

Tive muitos homens, mas não encontrei em nenhum deles a felicidade e o genuíno amor. Também por nenhum tinha tido tanto interesse à primeira vista como neste forasteiro.

Hoje compreendo que o Ambiente Espiritual de meu cabaré não era dos melhores e mais agradáveis. O ambiente era carregado e a energia era pesada, mas para uma pagã sem religião como eu era, não havia uma explicação. Em verdade, o ambiente era nocivo a mim mesma e a todos que ali estavam, uma vez que os miasmas de pensamentos adúlteros e sexualizados ficavam impregnados no ambiente. Espíritos viciados em sexo ali faziam morada.

Voltando ao narrar os acontecimentos primeiros, fui surpreendida quando o altivo rapaz afirmou:

– Desejo conhecer um pouco mais de você, podemos conversar? – disse, já tomando um gole da bebida trazida pelo garçom.

– Madame Nancy não realiza mais os serviços, rapaz. Já sou bem mais velha que você e há tantas garotas jovens e atraentes. Escolha uma para *conversar* – falei a última palavra de forma sarcástica e com um leve sorriso de canto de boca. Em minha experiência, *conversar* significava ir mais além, intimamente, em um de meus quartos.

– Não desejo nenhuma destas moças. Desejo realmente conversar com você, conhecê-la. Mas, se não estiver disposta, respeitarei o desejo da Madame e irei embora – disse, colocando um maço de dinheiro sobre a mesa e levantando-se para ir embora. – Um prazer, conhecê-la, Madame Nancy. Animado local. Até breve!

Sem mais delongas, ele foi embora. O homem que me encantou não desejava ter uma *caliente* noite com uma das minhas meninas. O jovem rapaz não entrou em minhas ideias maliciosas. O que será que ele então queria? Por que o achava tão interessante? Não era do meu feitio encantar-me por qualquer homem!

Continuei na mesa do bar fumando e bebendo até o amanhecer do dia e vendo o cabaré se esvaziar. Me considerava sozinha naquela mesa e ignorava o fato de que Espíritos ainda em estágios vibracionais inferiores me acompanhavam, tragando e bebendo junto comigo, consumindo, inclusive, minha energia, sem que eu notasse.

2.
CAPÍTULO

CAPÍTULO 2

Os dias se passaram e eu não tirava aquele belo e jovem homem de minha cabeça. Continuava a imaginar o que ele desejava num lugar como meu cabaré, já que não era de seu feitio. Realmente foi apenas para conhecer, porque todos falavam dali? E ainda mais, dizendo que desejava me conhecer, por quê? Isso me encucava. Ainda mais que ele foi embora de repente e sequer se apresentou. Como será que se chamava?

Geniosa e curiosa, desejava a todo custo saber mais sobre ele. Nunca fui de ficar sem as respostas que desejava e sempre dava meu jeito de consegui-las, mas no decorrer daqueles dias deixei-me levar pelo desânimo, pois estava muito doente, tossindo e sem forças para nada. Todas as atividades do cabaré estavam sob supervisão da minha mais antiga menina. Me condoía ficar dentro do quarto, mas não tinha forças para realizar a rotina diária, deixando-me apenas levar pelos pensamentos.

– Madame, está na hora de procurar um médico para se tratar, pois daqui a pouco vamos à falência sem você para nos supervisionar e colocar o cabaré nos eixos. Já está há dias adoentada e em breve piorará. As coisas sairão completamente dos trilhos! – disse Sabina com seu meigo e doce falar. Era uma jovem alta, magra e ruiva, de cabelos longos e com leves sardas ao redor do nariz, a minha mais antiga menina e pela qual tinha um carinho especial.

Sabina estava comigo havia muitos anos, mas trabalhava apenas assessorando-me nos assuntos administrativos desde que havia chegado em minha porta. Nunca desejei que ela ingressasse como as outras jovens nas atividades junto aos clientes, o que causava inveja em algumas de suas colegas que não entendiam e consideravam Sabina privilegiada.

– Sabina, nunca fui mulher de médicos, *yo soy Madame Nancy, la española*! Nunca me deixei cair, não aceito! Sou firme e forte, jamais aceito ficar fraca e doente – disse com meu orgulho e ego feridos.

– Com todo o respeito que tenho à Madame, mas já não é uma moçoila com saúde de ferro. Veja o quanto bebe e o quanto tem fumado todos estes anos! Faz bem ir ao médico para verificar como anda a sua saúde. Por favor! – argumentava Sabina comigo, muito pacientemente.

Contrariada, mas compreendendo que Sabina tinha razão, eu aceitei marcar uma consulta no único hospital da cidade. Preparei-me de forma elegante, com um dos meus belos vestidos vermelhos, um batom da mesma cor e uma flor na cabeça. Fiquei linda para a consulta, como se fosse para uma noite de festas em meu cabaré! Não queria transparecer ser uma doente! Segurava minha tosse e andava ereta demonstrando teatralmente estar maravilhosamente bem, mas por dentro somente eu sabia o quão mal me sentia e quantas dores carregava.

No saguão do hospital todos me olhavam e reparavam, alguns até cochichavam questionando o que a mulher do cabaré estava fazendo naquele lugar. Mas não me importava. Adorava ser o centro das atenções, pensava comigo mesma, alimentando, como sempre, meu ego e minha vaidade. Infeliz que era, buscava encontrar prazer e felicidade nesta ilusão.

Ao entrar na sala do médico, deparei-me com o misterioso rapaz que visitou meu estabelecimento semanas atrás. Seria então ele o médico a me atender? Como comentei, geniosa que era, desejava muito saber quem ele era e reencontrá-lo, mas ainda não o tinha feito por não me encontrar com saúde perfeita e em condições para tal procura, mas eis que o destino me pregou esta peça.

– E se não é a *Madame Nancy, la española!* – disse o rapaz em um tom de brincadeira e com um belo e largo sorriso no rosto, levantando-se em tom de educação para me cumprimentar.

– *Yo soy!* – gargalhei escandalosamente com um sorriso, ao abrir meu leque teatralmente antes de cumprimentá-lo.

– Mas a que devo a honra de tão ilustre visita? – questionou-se, já se sentando atrás de sua mesa.

– Descobrir quem é! Não me disse o seu nome antes de se despedir, que falta de cavalheirismo. Madame Nancy teve que descobrir às próprias custas e vasculhei sua vida, descobrindo você aqui – disse risonha, descontraída e fugindo da pergunta.

– Perdão, Madame. Me chamo Daniel, sou um simples médico recém-formado e novato na cidade, sem tempo para diversões, mas surpreso em saber que se lembra de mim com tantos clientes importantes, não é? – perguntou brincando, como se nos conhecêssemos há anos.

– Já foi meu tempo, lindinho – disse com um ar um tanto desolado. – Mas, vamos ao que interessa nesta visita, confesso-lhe que fiquei todos os dias em meus aposentos tossindo e com muito mal-estar. Estou me sentindo muito mal fisicamente e não tenho dado a devida atenção ao meu estabelecimento. Estou há dias e dias trancada em meu quarto.

– Madame, deveria ter procurado um recurso de pronto e não aguardado tanto tempo. A doença sempre pode aumentar se não for tratada. Deixe-me ver seus pulmões – disse, levantando-se e pegando um estetoscópio. – Por favor, respire fundo. Você tem sentido o quê além de tosse e mal-estar? Algum tipo de dor? Febre?

– Sim, tenho tido algumas dores no tórax e de vez em quando um pouco de febre. Suspeita de algo?

– Desconfio que a Madame esteja com pneumonia. Vou pedir uma radiografia do pulmão para termos uma confirmação – disse enquanto escrevia no prontuário algumas informações e preparava um pedido de exame. – Enquanto não temos a confirmação, seria de bom tom que mantivesse repouso e não fizesse uso de álcool ou de cigarros, uma vez que são fatores de risco e podem agravar o caso. Mas, mesmo em caso de não ser pneumonia, devem ser evitados.

– Madame Nancy sem o seu cigarro e sem uma gota de álcool na boca? Impossível cena a ser vista! – afirmei em elevado e dramático teatral tom de voz, típico de minha personalidade extravagante.

– Para tudo há de se ter uma primeira vez, Madame. Deseja desencarnar e ser uma suicida? – disse sarcasticamente.

– Desencarnar? Suicida? – perguntei assustada e ao mesmo tempo interessada. – Parece *niño* Miguel falando!

– Quem é Miguel? Bom, deve ser um dos seguidores do pedagogo Hyppolite Léon Denizard Rivail, vulgo Allan Kardec, eles defendem essa ideia. Eles seguem os ensinamentos dos Espíritos, mas até hoje não vi nenhum Espírito aparecer para mim – respondeu falando de forma a descredibilizar a Doutrina.

– Não sei se acredito ou desacredito destas questões. Fui criada na Igreja Católica, mas não sigo religiões e não me considero religiosa, mas respeito a todos. Olhe, ainda carrego este presente de minha mãe – disse mostrando um belo crucifixo com Cristo crucificado.

– Eu sei o que a medicina me diz, Madame, e com ela eu digo que aqui está o seu pedido de exame. Marque-o para o mais breve possível e agende uma nova consulta. – Entregou-me o papel e novamente, ao olhar aqueles penetrantes e belos olhos azuis, senti-me irresistivelmente atraída por aquele sedutor médico.

O tempo passou, marquei o exame e retornei a uma consulta onde foi confirmada a suspeita. Estava com pneumonia. Eu realizava o tratamento necessário, mas não deixava de lado o cigarro e a bebida, piorando a cada dia.

– Madame, Dr. Daniel deseja vê-la – informou Sabina, na porta de meu quarto.

– Mande-o entrar, querida.

Daniel entrou e me viu de forma que homem nenhum havia me visto até então. Estava de camisola, com os cabelos desgrenhados, cansada e abatida. Já não tomava conta do meu cabaré e tinha consciência de que era hora de deixar tudo para minha herdeira, minha querida e adorável Sabina. Sim, eu a escolhi como minha sucessora nos negócios, mas afirmando sempre que não desejava que ela se envolvesse com os homens. Essa menina era muito boa e verdadeiramente não merecia estar naquela vida, mas se esse era seu destino, desejava dar a ela tudo de melhor dentro das minhas possibilidades.

– Boa noite, Madame! – Cordialmente saudou-me Daniel.

– Quanto tempo de vida ainda tenho, meu belo rapaz? – perguntei melancólica, sentindo a suave brisa pela janela do meu quarto.

– A Madame está fazendo o tratamento, mas não deixa de lado os vícios que atrapalham a sua melhora. Você está lutando consigo mesma. Está sendo a sua pior inimiga.

– Poupe-me de sermões, amado. Já me basta Sabina parecendo ser minha mãe. – Eu a olhava de soslaio e neste momento Sabina riu carinhosamente ao canto da porta.

– Não vim lhe dar sermões – falou, sentando-se na beirada de minha cama. – Vim trazer-lhe uma notícia.

– Qual?

– Estou indo embora da cidade e talvez nunca mais volte, vim me despedir da minha mais rebelde paciente.

– Mas como?! – Sentei-me ereta e assustada. Como assim ele iria embora? Por quê? O que estava acontecendo? Sabina também ficou assustada com a notícia repentina.

3.
CAPÍTULO

CAPÍTULO 3

Conversamos longamente e Daniel me esclareceu que havia sido convocado para a guerra. Estávamos em meados de 1914 e a I Guerra Mundial eclodia no mundo. Rapazes e homens alistados ao exército estavam sendo convocados, mesmo os que não tinham a menor aptidão, e ele foi um dos que precisaram se apresentar para lutar pela pátria, mesmo contra a sua vontade.

Estava devastada, principalmente pelo fato de que ele estava indo contra sua vontade. Apesar de parecer um homem forte e ter uma grande virilidade em sua aparência, percebia claramente que ele estava com medo. E quem não haveria de estar? Nestas horas as aparências não contam muito e os sentimentos falam mais alto. Muito além das aparências físicas, somos todos Espíritos com medos, anseios e desejos. Pena que aprendi isso apenas depois de muito tempo.

Chegou o dia da partida. Parecia que todos os moradores de nossa pequena cidade tinham ido à estação de trem saudar e desejar sorte a todos que estavam indo para a luta. Eu não podia deixar de estar presente para prestigiar a partida dos nossos amigos e conhecidos junto à minha fiel amiga Sabina. Muitos deles nunca mais retornariam... Era um momento de muita tristeza e apreensão.

– Boa sorte meu querido e amado médico. Até a volta! Até breve! – disse, abraçando Daniel com amor e ternura.

– Até a volta, *Madame Nancy, la española* – retrucou sorrindo e sarcasticamente falando meu bordão preferido. – Até a volta, Sabina – dizia esperançado e com a voz embargada, claramente desejoso de chorar. – Cuide bem desta paciente rebelde. Enquanto estiver fora, Dr. Josué cuidará muito bem de você. É um senhor muito experiente e competente no que faz. Um grande amigo.

Naquele momento não conseguia enxergar com os olhos da carne, mas havia muitos amigos do plano invisível que se faziam presentes e que seguiram junto com aqueles homens. Junto a Daniel havia um senhor de pele muito clara e cabelos bem esbranquiçados, aplicando-lhe passes magnéticos para que estivesse sempre com a energia revigorada. Ele o acompanharia por toda a trajetória nos dias do porvir.

Em contrapartida, nos campos de batalha da Guerra o Clima Espiritual era extremamente pesado e denso. Uma egrégora escura permeava toda a localidade, e o mal-estar era habitual entre os combatentes em virtude dos miasmas dos pensamentos deletérios que todos cultivavam, o que atraía também aqueles Espíritos que estavam em uma vibração equivalente. Entretanto, todos aqueles que mantinham a chama da fé acesa continuavam sintonizados com os amigos que lhes acompanhavam, como era o caso de Daniel, que, apesar de não ser um homem religioso, pelo medo e pelo sofrimento acabou apegando-se à fé.

– Senhor Deus, nunca fui um homem de fé, para mim a medicina e a ciência sempre valeram mais que as religiões, mas rogo-lhe proteção e amparo. Que eu possa estar bem cuidado sob Teus braços. – Daniel orava enquanto o trem partia, sentindo pela primeira vez em sua vida um verdadeiro e grande medo.

Enquanto orava, chorava e sentia o coração acelerado, com um nó na garganta. Ele tinha a certeza de que não iria regressar e carregava verdadeiro temor de uma morte dolorosa.

Todos podemos nos apegar à fé pelo amor ou pela dor. No caso de Daniel, foi pelo medo e pela dor que ele reconheceu o poder das bênçãos de Deus em nossas vidas. Uma semente de espiritualidade começava a brotar em seu coração e iria se desenvolver e germinar.

A todo momento Daniel realizava orações e estava se tornando a cada dia mais espiritualizado. Ele começou até a acreditar nos Espíritos, pois conversava muito com um amigo combatente que seguia os preceitos codificados por Allan Kardec, o que ele tanto criticava até então. Inicialmente relutou em receber as lições trazidas pelo companheiro, mas humildemente começou a ouvir sem julgar ou condenar, buscando compreender e absorver os ensinamentos. Com o tempo, começou a aceitar e compreender que o seu amigo tinha razão.

Por outro lado, eu seguia meus dias devastada com a partida dele e sem receber notícias, o que dilacerava meu coração. Entreguei-me cada vez mais à bebida e ao cigarro e cheguei a retornar às minhas atividades, numa vã tentativa de preencher o meu vazio. A verdade era que estava cada dia mais doente.

– Ela precisa repousar, o quadro está se agravando muito. É um milagre ela ainda não ter morrido – informou Dr. Josué, sendo objetivo e saindo dos meus aposentos na companhia de Sabina.

Ao meu lado na cama, sem que eu pudesse ver, um Espírito vibrava de forma inferior e me obsidiava, sugando minhas energias. Era ele quem me induzia a agir daquela forma, pois eu lhe permitia agir assim ao lhe dar abertura mental. Na época, se me dissessem isso eu falaria que era uma loucura. Mas hoje compreendo, e aqui do outro lado tenho uma visão mais ampla de tudo o que aconteceu. Eu fui responsável pelo meu sofrimento e o obsessor apenas deu um empurrãozinho. Entretanto, nunca estive só e sem ajuda do outro lado. Eu que nunca dei ouvidos.

4. CAPÍTULO

CAPÍTULO 4

As semanas passaram e Daniel faleceu em um combate. Por estar sempre em prece, por merecimento foi recebido num hospital do Plano Espiritual e sua morte não foi nada dolorosa como ele temia, tendo simplesmente apagado e, quando acordou, estava sendo tratado. Sem dores, sem medo, sem dificuldades e sem sofrimento. Por já estar compreendendo a respeito da vida no Plano Espiritual em virtude das edificantes conversas com seu amigo de combate, assim que acordou se deu conta de onde estava e do que tinha acontecido.

– Que bom que despertou, jovem e bravo rapaz – comentou uma enfermeira que se aproximava.

– Eu... eu... – iniciou a frase gaguejando.

– Sim, você desencarnou. – Sorriu a bondosa enfermeira ao confirmar. – Que bom podermos ser tão diretos assim, não é? Graças ao seu amigo ali – e apontou para o rapaz em outra cama –, à sua boa vontade de aprender, e às inspirações de Alcelmo, um grande amigo espiritual que te acompanhou durante todo o período. Apesar das dificuldades sofridas, você pôde compreender as verdades da Vida Espiritual, aceitar esta realidade e se tornar um homem espiritualizado e de fé durante o combate. Isso facilitou muito todo o seu processo de desencarne e a sua adaptação aqui nesta vida será muito boa, até porque você foi escolhido para nos ajudar em um trabalho muito importante junto a algumas pessoas muito queridas.

Daniel estava ainda anestesiado. Olhava o local onde estava e se encantava mais do que se assustava em reconhecer que estava não morto, mas vivo. A enfermaria na qual estava era ampla, grande, em tons claros de azul e branco e com várias camas espalhadas de forma organizada em fileiras. Nestas camas estavam os Espíritos de vários combatentes desencarnados. Havia enfermeiros e médicos andando para todo o lado. O local era muito grande e, apesar do intenso movimento, era extremamente organizado.

– Esta ala foi criada sob medida de urgência para ajudar na guerra. Os engenheiros do Plano Espiritual projetaram-na especificamente para este fim. Após tudo isso passar, toda a estrutura será removida e reutilizada em algum outro projeto – comentou carinhosamente a bondosa enfermeira.

– Que magnífico! Uma estrutura totalmente desmontável e que pode ser reaproveitada.

É inimaginável isso na Terra! – Daniel falava, surpreso.

– Chegará o momento em que os irmãos que vivenciam as lides terrenas terão o conhecimento necessário para realizar estas estruturas que serão utilizadas em grandes calamidades. Apesar da dor e do sofrimento que ainda precisarão vivenciar para evoluírem, pelo menos terão um avanço intelectual que poderá auxiliá-los a lidar melhor com as dores dos difíceis momentos. – A enfermeira explicou enquanto aplicava um soro no jovem paciente. – Agora descanse mais um pouco, meu amigo. Ainda há muito a fazer aqui do outro lado da vida e você precisará estar totalmente recuperado para dar início às suas atividades conosco.

– Atividades com vocês? Como assim? Você também disse que eu ajudaria pessoas queridas? Quem? – Daniel estava confuso.

– Sim, meu amigo. Aos poucos a sua memória reencarnatória virá à tona e verá que faz parte de uma família espiritual há muito tempo, e que seu retorno breve não foi em vão e sem propósito. Tudo estava planejado desde o seu regresso ao mundo da carne – finalizou a jovem.

– Todos nós convivemos e nos reencontramos com um propósito. Na reencarnação sempre convivemos com almas afins, seja por afinidade positiva ou negativa – comentou neste momento o amigo de Daniel, que acabava de acordar.

– Ora, mais um bravo combatente desperto! E esse com bastante conhecimento acerca da vida espiritual. Que prazer revê-lo, meu amigo Jonathan! Que saudade estava de você! – Sorriu alegremente a enfermeira. – Não se lembra de mim ainda, mas logo se lembrará.

– Desculpe, minha amiga, realmente não me recordo. Como posso chamá-la? – perguntou o jovem rapaz.

– Matilde, meu amigo. Me chamo Matilde. – E, apressando-se um pouco, disse: – Agora preciso realmente ir para outros afazeres e auxiliar em outras atividades, rapazes. Descansem. – E saiu para continuar o seu trabalho.

O trabalho nas enfermarias espirituais seguia intenso. Diversos Espíritos chegavam a cada instante, vitimados pelos desastres da Grande Guerra. Muitos, por não terem conhecimento acerca da vida espiritual, estavam completamente perdidos e desnorteados. O trabalho era árduo e praticamente ininterrupto.

Ainda no corpo de carne, eu seguia com a saúde cada vez mais agravada. Não aceitava reconhecer o meu estado e com isso me tornei responsável pela piora de minha saúde, o que hoje reconheço ter sido uma atitude de suicídio inconsciente. Por isso, sofri as consequências, não por punição de Deus, mas por irresponsabilidade minha.

Aprendi quando aqui cheguei no outro plano da vida que o suicídio não é apenas o ato de atentar diretamente contra a própria existência. Omissões com o cuidado da saúde, por exemplo, são também uma forma de, aos poucos, irmos nos matando. E nos tornamos responsáveis pelas nossas escolhas, ativas ou passivas.

– Sabina... Sabina! – Chamava pela minha menina quase de forma inaudível. – Estava com muitas dores e febre muito alta. Sentia que estava chegando meu momento e precisava revelar a ela algo que guardava em meu coração, mas que minha mente já me cobrava havia muito tempo.

– Madame, estou aqui. O que precisa? Está sentindo algo? Em que posso ajudar? – respondeu prontamente a jovem que tinha ficado toda a noite sentada na cabeceira de minha cama.

– Sabina, me perdoe por tudo, você precisa... – sussurrava quase sem forças e estas foram minhas últimas palavras. Num último suspiro senti o ar entrando em meus pulmões e uma escuridão completa se fez presente em minha vida como nunca antes havia sentido. Foi como se tivesse caído em um sono extremamente profundo sem sentir nada ao meu redor.

Na visão astral do meu quarto, o meu obsessor sorria de alegria e felicidade. Para ele, aquele era o momento perfeito para dar mais um passo em seu plano de vingança. Eu, por estar em total desequilíbrio, fui a principal responsável por me tornar vítima daquele algoz.

5. CAPÍTULO

CAPÍTULO 5

Sabina desesperadamente sacudia o meu corpo inerte em seus braços e chorava copiosamente, tentando acordar-me do sono profundo em que me encontrava. Lágrimas vertiam de seus belos olhos verdes e eu nada sentia no corpo físico.

– Madame Nancy! Que o Senhor te receba em Teus braços. A senhora foi muito boa para mim. Não entendo como posso perdoá-la e o que eu preciso fazer! Oh, meu Deus! – dizia a minha menina com uma voz tão triste e um tanto agoniada.

Como não tive percepção no momento, essa emocionante cena me foi mostrada aqui no Plano Espiritual quando tive a oportunidade, e fui encaminhada para as zonas de refazimento depois de ficar longos períodos em uma tenebrosa experiência que narrarei para vocês.

Ao desencarnar, mergulhei inicialmente em profundo sono conforme anteriormente explicado. Este momento, ensinaram-me os benfeitores que tanto me ajudam, foi o momento do desenlace de meu Espírito, quando os laços que prendiam meu corpo espiritual ao físico estavam sendo afrouxados. Infelizmente, como estava acompanhada havia muito tempo por um companheiro que vertia o desejo de vingar-se de mim por débitos anteriores, fui por ele capturada e levada para sua morada sinistra. Não posso reclamar muito, uma vez que, enquanto encarnada, drogava-me com a bebida em excesso, cigarros e sexo sem compromisso. Conectava-me a energias densas e pesadas com as quais este companheiro e seus comparsas eram também sintonizados. Hoje reconheço que foi de minha total responsabilidade a trágica estadia nas zonas inferiores. A permissão dos amigos invisíveis se deu para eu aprender a lição. Precisamos passar pela dor para despertarmos, mas nunca estive abandonada.

Tornei-me prisioneira não apenas destes companheiros, mas de mim mesma e de minhas más escolhas. Sofri por muito tempo sem forças para lutar e, à medida que ganhava consciência, sentia-me injustiçada e revoltava-me, ou seja, continuava vibrando na sintonia deles e não me conectando com o Alto.

– Que lugar é esse? Onde estou? Por que me prendem? Como me tiraram de meu cabaré? – perguntava desesperada na cela em que me encontrava. – Quero respostas! – Estranhamente sentia-me viva, com muitas dores em meu corpo e cansaço. Não compreendi naquele momento que já me encontrava em outro plano da vida.

– Olha quem acordou! *Madame Nancy, la española!* – gargalhou um homem de aspecto sujo e bruto. Ao seu redor, outros gargalhavam junto com ele. – Bem-vinda à morte! – E novamente todos gargalharam de forma tenebrosa.

– A morte? Como assim? Está louco? Tire-me desta prisão. Socorro! – gritava e tentava balançar as grades. – Eu fui sequestrada? Quem são vocês?

– Você está morta, mortinha, Nancy! Bem-vinda ao inferno! – Comentou um rapaz magro e de aspecto bastante pálido, com uma voz sarcástica em outra cela logo à minha frente. – Estamos presos, fomos capturados por estes demônios! Não sei que mal fizemos a eles! Eu sempre soube que o suposto Deus dos cristãos nunca existiu, caso contrário eu certamente não estaria nestas condições imundas! Deus não existe, mas os demônios, aí estão!

– Respeite as crenças dos cristãos – respondi altivamente ao homem. – Apesar de ter sido uma *mujer* muito livre, independente e mal vista pelos outros a minha volta, fui criada na igreja. Na vida adulta não segui religiões, mas sempre respeitei a crença que me fora instituída e todas as outras. Nunca permiti que debochassem de religiões perto de mim, pois com a fé de ninguém se brinca ou condena. – Parecendo retornar do meu estado de torpor após relembrar de minha doce mãe, concluí firmemente: – E não posso estar morta!

– Não é por ter vivido fora dos padrões que você está sofrendo nas nossas mãos, Nancy – vociferou o homem sujo e bruto que nos vigiava. – É pela ruindade de seu coração, pelo mal que você nos fez! Você é tão ruim que não teve equilíbrio de si mesma e todos os seus excessos eram, em parte, influenciados por nós. Entretanto, tudo partiu de você. Não é capaz de amar nem a si mesma!

– Eu nem te conheço! – respondi indignada.

– Ah, não conhece? Veja se refresca essa sua memória! – Ele estalou os dedos e eu não entendi nada momentaneamente, mas em pouco tempo comecei a me sentir sonolenta e recostei-me numa cama que se encontrava na cela. Imagens foram passando pela minha mente.

Nas imagens que passei a ver, uma enfermeira passeava por um hospital indo encontrar um paciente com uma injeção nas mãos. Ao entrar no quarto, deparou-se com aquele homem bruto que estava numa cama desesperado e gritando de dor. Ela aplicou-lhe a injeção e, pouco tempo depois, ele adormeceu. Passaram-se algumas horas e a enfermeira retornou ao quarto do homem que continuava a dormir. Estranhando a situação ela tentou acordá-lo, mas não conseguiu. Chegou à conclusão de que estava morto. Ela o havia matado com uma injeção letal aplicada por engano. Ela era eu.

– Você me matou, sua assassina! Possui débitos com todos nós que te perseguimos! – gritou o homem. Nunca vi alguém com tanta raiva.

Eu não entendi o que havia acontecido, mas, ao mesmo tempo, tudo estranhamente fazia sentido para mim e, no meu íntimo, eu sabia que aquilo não era ilusão da minha mente.

Aprendi posteriormente que, ao desencarnarmos, relembramos de todas as nossas vivências anteriores. Essas lembranças podem ser muito rápidas ou bastante demoradas, e depende das necessidades de cada um de nós. No meu caso, vieram como um flash pela influência e inteligência deste companheiro que, apesar de não vibrar em uma sintonia elevada, tinha habilidade para manipular os fluidos que nos rodeavam naquele ambiente. Havia também a permissão divina para que me auxiliasse. Apesar de parecer estranho pensar nisso, mesmo nos momentos de dor e sofrimento, a espiritualidade amiga está vigilante e permitindo que as situações nos aconteçam, lembrem-se sempre disso.

Todavia, uma dúvida me perseguia. Quais eram os outros débitos que eu tinha? Com quem e por qual motivo?

6. CAPÍTULO

CAPÍTULO 6

Em paralelo a minha realidade nas trevas espirituais, Sabina seguia desesperada e inconsolável após a minha partida. Assumira para si toda a responsabilidade junto das minhas meretrizes e fornecedores, bem como a manutenção e funcionamento do cabaré. Era o único ganha-pão de todas e, como sabia que era de minha extrema confiança, sentia-se na responsabilidade de cuidar de tudo o que eu havia deixado para trás.

Muito preocupada com minha saúde, apesar de não demonstrar corriqueiramente, assegurei-me de deixar um testamento para minha menina. Formalizei que todos os meus bens deviam pertencer-lhe única e exclusivamente após minha partida.

Minha decisão não foi sem motivo e meu imenso apreço por ela também não. Ela não compreendia o motivo de tantos mimos e carinhos de minha parte e ficou sem acreditar quando recebeu o advogado, Dr. Amacedo, indicado a mim por Dr. Josué.

– Dr. Amacedo, desculpe-me, mas algo deve estar errado. Como eu receberei tudo o que pertencia à Madame? – questionou Sabina, após a leitura do testamento.

– É isso mesmo, minha filha. Tudo agora te pertence. Este cabaré e todos os bens da querida falecida Nancy – respondeu bondosamente Dr. Amacedo, que era um senhor de idade bem avançada e muito simpático.

– Mas ela não tinha parentes? E se alguém da família lhe procurar? – perguntou a minha preocupada menina. Ela estava aflita com tanta responsabilidade.

– Madame Nancy não tinha ninguém, Sabina. Ela sempre dizia que nós éramos a sua única família – respondeu Rosa, uma das minhas meretrizes.

– É verdade – balbuciou Sabina.

– E você sempre foi a preferida de Madame, todos sabemos. Sempre foi cheia de "não-me-toques". O grande mistério é o motivo disso! Algum segredo, alguma coisa tem, nem que seja feitiço seu! – destilou venenosamente Rosa que, no fundo, nutria uma certa inveja de Sabina. Ela era uma das mais antigas meninas de meu cabaré e considerava que deveria ter privilégios no lugar de Sabina, já que haviam chegado com diferença de poucos meses.

– Que horror, Rosa! Deixe de ser maldosa! – retrucou Miguel, um jovem segurança do cabaré, rapaz muito bondoso e pelo qual eu nutria também imenso carinho.

Eu gostava muito do *niño* Miguel, como carinhosamente o chamava. Considerava-o um menino, apesar de ser um homem feito! Meu carinho por ele se deu desde que chegou na porta de meu cabaré aos 14 anos de idade, pedindo abrigo. Ele estava perdido, sem seus pais, que haviam falecido e eram forasteiros na cidade.

Abriguei-o, dei-lhe de comer e fiz com que estudasse. Cresceu comigo e minhas meninas e, quando se tornou adulto, passou a ser o segurança de nosso cabaré, um dos meus homens de maior confiança. Não sabia o motivo pelo qual nutria por ele tanto carinho e muito menos o motivo pelo qual nos encontramos. Hoje compreendo que nossas ligações vieram de vidas passadas.

Sabina sequer escutou os impropérios de Rosa. Estava absorta nas lembranças do momento de meu falecimento. Eu a havia chamado para contar algo que guardei em meu coração por mais de vinte anos, mas infelizmente faleci antes de dizer o que tanto adiei.

Reconheço agora que o tempo não pode voltar e não devemos aguardar tanto para falar aquilo que desejamos ao próximo. Não devemos deixar nada para amanhã, nada para depois, pois poderemos não ter a chance. Mas eu me achava muito esperta e tinha um plano para caso eu não conseguisse me expressar diretamente como almejava. Hoje, reconheço que não isso não havia sido fruto de minha inteligência, mas sim de orientações espirituais que me foram sopradas por uma bondosa alma amiga. Quão tola eu era achando-me perspicaz!

– O que será que ela queria me contar? – comentou Sabina olhando para Miguel, por quem ela nutria um sentimento de imenso carinho e que era recíproco.

– Sabina, no momento certo quem sabe você não consegue descobrir o que Madame queria falar com você? Vamos ter fé que a resposta poderá vir. Não sei como, mas acredito que Deus não deixará essa dúvida em seu coração – respondeu Miguel, que sempre foi muito religioso.

Desde o primeiro dia ele sempre falou muito acerca dos assuntos da Espiritualidade. Orava o tempo inteiro, principalmente quando dizia sentir o clima do nosso cabaré demasiadamente denso. Seus pais eram espíritas e ele carregava consigo os ensinamentos da Doutrina. Estava sempre lendo as obras de Allan Kardec. Ele respeitava as nossas atividades, era muito grato, mas não considerava que era o melhor caminho para Deus segundo a tradição em que acreditava. Não estava errado, hoje compreendo. O sexo desregrado e promíscuo que se faz presente em ambientes como o que eu gerenciava não é adequado justamente em virtude das sintonias mentais inferiores emanadas pelos transeuntes. A maioria era homem, muitos casados, que buscavam trair suas esposas com as minhas meninas e satisfazer os seus desejos mais animalescos. Não havia o menor sentimento de amor, apenas o prazer pelo prazer da carne.

Hoje que consigo ter uma visão espiritual de como era o ambiente e fico verdadeiramente apavorada. Mas, graças ao trabalho junto aos amigos que me socorreram, mudamos esta realidade e, o nosso ambiente, que antes era um manancial de energias psíquicas de ordem negativa, hoje vibra luz e amor. O que aconteceu e que proporcionou esta transformação demonstra que sempre temos chances de recomeçar e fazer uma nova história.

7. CAPÍTULO

CAPÍTULO 7

Daniel seguia desenvolvendo-se em sua recuperação. Após alguns dias internado na ala em que se encontrava, recebeu alta da doce e amiga enfermeira Amália, que estava acompanhada de Alcelmo.

– Onde se encontra nossa amiga Matilde? – questionou, estranhando a troca de enfermeiras no turno. Naquele período do dia, ele e Jonathan sempre recebiam a visita dela e conversavam amigavelmente sobre diversos assuntos relacionados ao período da Guerra e à vivência espiritual.

– A enfermeira Matilde foi a uma excursão na crosta terrestre junto da equipe do Dr. Frederico. Mais um bombardeio iniciou-se. Eles terão muitas horas de socorro para trabalharem. Os nossos engenheiros construíram próximo ao campo de batalha uma tenda improvisada para os primeiros socorros. Serão muitas vítimas inocentes que perderão suas vidas e que precisaremos auxiliar prontamente. Muitos, pela rapidez e choque do desencarne, nem se dão conta de que faleceram.

– Meu Deus, quando será que isso vai acabar? – questionou Jonathan entristecido. – Queria ainda poder ajudar aos nossos companheiros. Queria que essa Grande Guerra tivesse fim. Parece interminável.

– Terá fim, tenha fé, meu amigo. Logo tudo isso passará. Este sofrimento não está sendo promovido por Deus, mas pelas más escolhas dos nossos irmãos encarnados no orbe planetário – argumentou o amigo Alcelmo. – E vocês dois já podem trabalhar conosco. Precisamos de ajuda. Geralmente é preciso um maior tempo e estudos para iniciarem nas atividades socorristas, mas nosso orientador considera que vocês podem nos auxiliar imediatamente e o conhecimento necessário virá com a prática, sendo que ambos já possuem o entendimento básico para começarem suas tarefas.

– Claro, em que poderemos ajudar? – perguntou Daniel.

– Jonathan integrará a equipe de auxílio aos combatentes da guerra. E você, Daniel, irá para uma missão de resgate de uma conhecida recém-desencarnada, que se encontra em cárcere nas zonas menos felizes. Este cárcere ocorre em virtude de sua própria mente desequilibrada, pois se ela desejasse já teria se libertado. Ela ainda não despertou para nossa ajuda, mas, como nutre um grandioso carinho e respeito por você, certamente poderá lhe escutar. Antes, porém, deverá auxiliar uma conhecida ainda encarnada – respondeu a enfermeira.

– Como assim? Quem está nesta situação? Pensei que também fosse auxiliar na guerra – argumentou Daniel um tanto quanto surpreso. – Como eu poderei enfrentar zonas inferiores se não tenho o menor conhecimento sobre elas?

– A mulher em questão veio a desencarnar por meio do suicídio inconsciente – disse Alcelmo. – Você foi escolhido para este auxílio em virtude do entrelace reencarnatório que ambos possuem e, como explicado por Amélia, pela influência positiva que pode exercer sobre esta irmã. Será muito útil e não estará sozinho. Será orientado pela Veneranda Shaiany.

– E você, amigo, seguirá sendo auxiliado pela doce e amada Matilde, vocês também possuem uma conexão de outras vidas e agora se reunirão, aqui no Plano Espiritual, para trabalharem juntos em prol do próximo – explicou

Amélia, dirigindo-se a Jonathan. – Nunca nos conectamos uns aos outros sem motivo e certamente a conexão de todos, nesta circunstância, não foi sem motivo. O Pai Criador de todas as coisas nada permite sem objetivo maior nas Leis da Vida.

– Nossa, obrigado pela confiança – comentou Jonathan um pouco nervoso. – Sigamos firmes com Deus e Jesus!

– Desculpe, mas quem é Shaiany? – perguntou Daniel um tanto surpreso. – Acredito que ainda não a conheça, mas fico lisonjeado em poder ajudar.

Neste momento, atrás dele e envolta numa luz azul, materializou-se uma mulher alta, morena, de cabelos bem pretos e amarrados em uma trança que caía pela lateral direita de seu pescoço. Vestia um vestido azul muito claro, quase branco. Usava alguns poucos acessórios delicados na cor prata, um cordão com um coração em pedra numa cor vermelha transparente e uma sutil e delicada pulseira.

– Eu sou Shaiany, muito prazer, Daniel – disse a Veneranda com um sorriso delicado, voz mansa e pacífica, mas com um toque de humor. – Uma excelente tarde a todos vocês, meus amigos, que a paz de Cristo esteja presente em seus corações. – Dirigiu-se ao grupo e, retornando a Daniel, complementou. – Está na hora de iniciar os trabalhos. É o momento oportuno para trazer as explicações necessárias, mas será gradativamente para não lhe causar um grande choque. No caminho e durante o percurso das ações, você compreenderá que, diante os olhos do Pai Criador, nada passa despercebido e tudo se encaixa perfeitamente na roda da vida.

Daniel, Jonathan, Alcelmo e a enfermeira Amélia estavam encantados com as borboletas que esvoaçavam ao redor de Shaiany após ela ter se materializado. Este efeito acontecia pela manipulação dos fluidos produzidos pela Veneranda. Ela mesmo os controlava e manipulava exclusivamente com a força do pensamento, criando estas visualizações aos presentes. Não eram animais reais, apenas manipulações energéticas na forma de borboletas. Uma cena que realmente deve ser linda de assistir e com a qual fiquei encantada quando me foi narrada pelo companheiro Daniel. Eu verdadeiramente gostaria de tê-la presenciado e espero um dia ter esta oportunidade ou, quem sabe, poder aprender a manipular as energias desta forma.

8.
CAPÍTULO

CAPÍTULO 8

– Vamos, meu amigo. Temos muito a fazer – Dirigiu-se Shaiany ao seu mais novo orientando, estendendo as mãos a Daniel, que as segurou e imediatamente sentiu uma energia maravilhosa invadindo todo o seu corpo espiritual. Shaiany era um exemplo de Espírito que vibrava constantemente em elevadas sintonias.

Recordei aqui do outro lado da vida que somos pura energia e, quanto mais evoluídos estamos na esfera moral, mais puros nos tornamos e emanamos isso ao universo.

Digo que recordei, pois como Espírito imortal eu já sabia destas questões, mas momentaneamente no corpo de carne esquecemo-nos do que vivenciamos na esfera real da vida e, por vezes, demoramos um pouco para recobrar a total consciência.

No momento em que ambos deram as mãos, como num passe de mágica, desapareceram do Ambiente Espiritual em que se encontravam e materializaram-se espiritualmente no cabaré. Lá encontraram Sabina em meu quarto organizando os meus itens, chegando no exato momento em que ela se deparou com uma caixa num fundo falso de uma de minhas escrivaninhas. Aquela caixa eu guardava em segredo, a sete chaves. Tinha muito cuidado para seu conteúdo não ser revelado antes do momento apropriado. Tinha receios. Logo eu, Madame Nancy, não aceitava que minhas fraquezas ou segredos mais íntimos ficassem sendo acessados por qualquer pessoa. Aquela caixa continha toda a minha vida, meus pensamentos e sentimentos mais puros, bem como objetos de muito apreço e de apego emocional. Para mim, em minha tolice enquanto no corpo de carne, demonstrar sentimentos e vulnerabilidade era inadmissível. Hoje entendo o quanto deixei de desfrutar por impedir-me de viver os sentimentos.

Mas, não era o momento de minha menina descobrir o conteúdo de minha caixa, e por isso Shaiany se aproximou de minha querida e mentalmente aconselhou-a a não abrir a caixa. A mediunidade de Sabina não era aflorada, mas todos nós temos a capacidade de sentir as presenças e orientações dos amigos do invisível e, neste caso, ela estava sintonizada para perceber as sutilezas do Ambiente Espiritual que a cercava e seguiu as orientações inspiradas. Deixou a caixa novamente no lugar em que a havia encontrado.

– Por qual motivo ela não pode verificar o que tem dentro desta caixa, Veneranda? – perguntou Daniel à sua orientadora.

– Tudo tem o seu tempo – respondeu sua companheira de tarefa educadamente, mas sem entrar em detalhes. Ele silenciou e continuou a observar, entendendo que não deveria fazer demasiadas perguntas. – Venha meu amigo, ajude-me a enviar energias benéficas a esta irmã que tanto sofre. Imponha assim as suas mãos sobre sua fronte – orientou Shaiany. – Agora rogue ao Pai de infinita misericórdia que console o seu coração aflito. As energias benévolas serão para esta irmã transferidas.

Shaiany explicou a Daniel que todos somos energia e que tudo ao nosso redor também é energia, que pode ser manipulada para o bem ou para o mal. Devemos sempre fazer a nossa parte para o bem. Enquanto ele vibrava em preces junto a Sabina, ela faria uma limpeza energética no ambiente, que estava, como de costume, demasiadamente sobrecarregado. Como lhes expliquei anteriormente, isso ocorria em virtude das ondas mentais emanadas pelos desencarnados que ali frequentam com frequência.

– Aguardarei o seu retorno e agirei conforme orientado – disse Daniel prontamente posicionando-se e para dar início às suas orações junto a Sabina, que refletia entristecida sentada em minha cama, enquanto observava pela janela o movimento da rua.

Neste momento, materializou-se ao lado de Shaiany um Espírito de aparência idosa, negro e com roupas brancas com detalhes amarelos. Chamava-se Pai Aberlado.

– Óia, temos um rapaz novo *trabaiando* com a gente, minha irmã – disse Pai Abelardo.

– Temos sim, Pai Abelardo – respondeu Shaiany com o sorriso. – Este rapaz chama-se Daniel. Ele foi médico nas lides terrenas na última encarnação. Não foi tão certinho em sua caminhada, mas agora está com a missão ajudar a uma antiga companheira e também a essa jovem. É a forma que ele tem de sanar os débitos que possui e de fazer a caridade também, além de evoluir, não é mesmo?

Daniel sentia-se envergonhado por recordar os erros da encarnação. Por muito tempo perdeu a oportunidade concedida, mas sentia-se reconfortado pelo fato de que, de alguma forma, havia compreendido a tempo as nuances da espiritualidade em nossa existência. Mesmo que, por pouco tempo, pôde dedicar-se ao estudo da Doutrina, que até pouco tempo antes do sofrimento na guerra criticava, e esse estudo somado à fé raciocinada naqueles momentos de inimaginável dor e sofrimento transformou-o verdadeiramente. Daniel, apesar dos erros, era um homem de bem e merecia a confiança dos amigos do invisível.

– Muito bom, eu *tô* é feliz de saber disso, meu *fio*. *Ocê* sabe que eu fui médico também? – respondeu Pai Abelardo.

Daniel olhava sem compreender muito bem e mentalmente estava confuso, pensando de que forma aquele senhor humilde e que falava algumas palavras erradas teria sido médico. Apesar de ter conhecimentos sobre a Vida Espiritual, não entendia tudo ainda, ou melhor, não estava consciente de todas as nuances espirituais, pois saber, assim como todos nós no íntimo da consciência, ele sabia. O que lhe faltava, como falta a todos, é despertar novamente o conhecimento adormecido.

Enquanto o querido Daniel pensava, uma nuvem energética formou-se em volta de Pai Abelardo e logo se dissipou. No lugar daquele senhor, estava um homem maduro, alto, com cabelos pretos e muito bem penteados, todo vestido com trajes de médico. Pai Abelardo realizara uma manipulação de seu corpo espiritual.

– Posso também me apresentar como Dr. Celso Castallani se preferir, meu amigo – respondeu Pai Abelardo, agora em sua nova roupagem fluídica.

– Pai Abelardo, ou Dr. Celso Castallani, é um dos Espíritos mais sublimes que conheço. Colaborador de alta hierarquia em nossa Colônia, ele se apresenta de diferentes formas e em diferentes trabalhos. Nós, Espíritos, podemos modificar as nossas aparências perispirituais, ou seja, os nossos corpos espirituais, para nos adaptarmos melhor às demandas necessárias – complementou Shaiany.

– Bondade sua, minha amiga – respondeu à Veneranda. – Não faço mais do que deveria fazer em prol do trabalho do Cristo. Todos somos sublimes em nossas mais puras essências. Até aqueles companheiros que ainda vibram em estágio primitivo e que carregam consigo a sede do ódio e os instintos mais animalescos, são seres de luz na sublimidade de seus Espíritos. No íntimo, todos possuímos a centelha divina, o amor de Deus pulsando em nós. Por vezes, apenas encontramo-nos desviados do caminho, mas, um dia, todos chegaremos ao Pai.

Daniel estava encantado com o que acabava de ver e sentia-se emocionado com as palavras proferidas, pois a energia emanada durante a fala atingiu profundamente o coração. *Yo,* quando soube, fiquei imaginando que realmente deve ter sido mais um momento sublime, além de muito esclarecedor para dissipar os preconceitos que ainda carregamos em nós.

Um homem chamava na entrada do cabaré e Miguel foi atender. Era um homem de terno, baixo, rechonchudo e com chapéu, que dizia:

– Eu já disse, meu rapaz, o meu nome é Aderbal e gostaria de falar com a Sabina. Tenho algo muito importante a dizer e falo apenas com ela! – esbravejava.

– Sabina! – chamou Miguel em alta voz.

Poucos segundos depois, minha menina apareceu no parapeito da escada e foi informada do interesse daquele senhor em ter com ela. Ao vê-la, os olhos de Aderbal encheram-se d'água e sua voz ficou embargada.

Shaiany e Pai Abelardo, que voltou à aparência fluídica que ostentava quando chegou naquele ambiente, observavam tudo entusiasmados, pois sabiam o que estava no planejamento daquele encontro. Daniel estava perdido tentando entender o que estava acontecendo.

– Bom, eu *vô* é começar o meu *trabaio*. *Cês* fiquem é por aí – disse Pai Abelardo.

– Irei acompanhá-lo, Pai, e obrigada por vir me ajudar – respondeu Shaiany.

– *Num* há de quê. *Ocê* fica aqui, viu meu *fio*. Toma conta deles – completou o Espírito benfeitor dirigindo-se a Daniel.

– Apenas observe e fique em prece, o que será de grande valia – finalizou Shaiany. Sem tempo para continuar em diálogo, ela saiu para acompanhar Pai Abelardo.

9. CAPÍTULO

CAPÍTULO 9

O senhor que havia chegado na porta era um conhecido de velha data, um dos muitos homens que conheci e *me enamoré* ainda em minha alva juventude.

Lembro-me do dia em que nos conhecemos. Era uma noite chuvosa e ele chegou encharcado em meu cabaré. Não estávamos em funcionamento, pois faltou luz por conta da tempestade, mas acolhemos e abrigamos o pobre homem forasteiro, é claro. Sempre buscava ser bondosa com todos os que precisavam e que batiam à minha porta.

Naquela noite, conversamos gostosamente por longo período de tempo, bebendo muitos copos de uísque e fumando, pois, como sabem, era um hábito, até que o convidei para subir aos meus aposentos e passamos a noite juntos.

Inicialmente brinquei com ele, apresentando-me como Julieta. Queria ver até onde o meu jogo iria chegar. Eu gostava de brincar com os homens e não desejava que aquele desconhecido soubesse que eu era a famosa Madame Nancy, não naquele momento. Puro charme. No decorrer dos nossos encontros, despi-me da farsa e mostrei quem realmente era. Ele passou a frequentar o cabaré com assiduidade enquanto manteve sua estadia na cidade, muito com o intuito de me namorar, bem o sabia, conquanto eu nunca quis apegar-me a homem algum. Jamais quis constituir família, tinha aversão a esta ideia e isso ocorrera em virtude de grandes traumas que trazia em meu Espírito.

À época, deixamo-nos levar pelos desejos incessantes da carne. Meu interesse para com ele era apenas neste sentido. Ele era um rapaz galante, com um corpo sedutor e isso me encantava. Supervalorizava o supérfluo e não dava conta de que os corpos juvenis e atléticos cedem lugar a copos flácidos e não modelados. Muito vaidosa mesmo em minha maturidade, nunca aceitei ceder aos impulsos do tempo e sempre buscava um jeito de parecer mais jovem, apesar de conscientemente saber que ficava cada dia mais velha e que já não tinha o mesmo corpo das minhas meninas. Recusava-me a demonstrar isso para os outros. Em verdade, não era aos outros que buscava enganar, mas a mim mesma, ao não aceitar as rugas do tempo.

A chegada de Aderbal em busca de Sabina trouxe grandes mudanças na vida de minha menina. O que lhes narro são resumos das visualizações às que tive acesso posteriormente numa projeção permitida por merecimento aqui no Plano Espiritual.

– Entre, senhor – disse Sabina amorosamente, mas apreensiva. – Pegue um copo de água açucarada para este senhor, Miguel – disse ao rapaz.

– Claro – respondeu o jovem com receio de deixar sua amada sozinha com aquele estranho que, na visão dele, parecia curiosamente emocionado.

Miguel tinha uma mediunidade ostensiva e sentiu as boas vibrações de Alluna, mentora espiritual que guiava Aderbal e lhe inspirava coragem, calma e resignação para realizar as ações que eram necessárias. Também sentia, desde a chegada, a presença dos amigos espirituais que acompanhavam minha menina: Shaiany, Pai Abelardo e o querido Daniel. Era por isso que percebia o ambiente mais leve.

Ao se sentarem no bar, Aderbal foi inspirado por Alluna e iniciou:

– Há muitos anos frequentei este lugar e conheci uma mulher que se apresentou a mim como Julieta, mas que na verdade chamava-se Nancy. A famosa Madame Nancy, *la española*, como ela gostava de pronunciar – disse dando um leve sorriso ao se recordar das boas memórias.

– Típico de Madame inventar nomes – complementou Miguel entregando a Aderbal o copo d'água.

– É verdade, meu rapaz – concordou Aderbal, que prosseguiu após tomar um gole. – Pois bem, eu e Nancy tivemos um breve caso no tempo em que residi nesta região; não digo amoroso, pois nossa relação era apenas baseada nos desejos da carne.

– O senhor deseja pegar algo da herança de Madame, não é mesmo, sabichão? – questionou Rosa de forma intrometida e sem a menor cerimônia, agindo de forma sarcástica enquanto estava na bancada do bar organizando as bebidas e os copos e interrompendo a fala de Aderbal.

– Em hipótese nenhuma, minha jovem – respondeu o visitante, em tom educado e firme ao mesmo tempo. – Não desmereço o patrimônio de Nancy, mas tenho minhas posses e para mim não seria necessário abarcar mais recursos financeiros, ainda mais aplicando golpes! Os recursos devem ser repartidos com aqueles que necessitam e com os quais Nancy desejou que ficassem. Eu, por minha vez, também não teria direito algum aos bens e mesmo que a falecida desejasse deixar algo para mim, tudo doaria. Mas, eu imagino que ela optou por deixar tudo para você, Sabina. – Finalizara olhando para a jovem.

– O senhor já conhecia a Sabina também? – questionou Miguel, intrigado.

– Ih, eu falei que essa daí aplicou algum tipo de golpe em Madame. O senhor é parceiro dela? Não acredito no seu discurso não – falava Rosa, desdenhosamente.

– Vou solicitar que a jovem se retire desta conversa privativa – respondeu firmemente Aderbal. – Perdoem-me, sei que não é minha residência, mas esta jovem está sendo inconveniente e maliciosa. Se não for para nos ajudar neste momento, por favor, que se retire!

Ao ouvido de Miguel, Alluna sussurrou "eles possuem um vínculo". Ao escutar a voz, Miguel começou a se questionar sobre qual tipo de vínculo seria este.

– O caso entre mim e Nancy gerou frutos. Nancy engravidou e deu à luz uma menina. – Aderbal chorava de emoção.

– Filha? Madame Nancy nunca teve filha! O senhor quer aplicar um golpe em Sabina? – vociferava Rosa, que estava revoltada e esbravejando impropérios. – Eu vou mesmo sair, eu que não vou dar palco para esse golpe!

– Se isso for verdade, quem é esta filha? Como o senhor pode provar? Deseja que eu passe tudo o que recebi para a suposta filha de vocês? Essa história está muito estranha, sr. Aderbal, me desculpe – questionou Sabina, sem entender e já começando a achar que a implicância de Rosa tinha fundamento.

Na esfera astral do ambiente, Alluna seguia em vibrações por todos, acompanhada de Daniel que acompanhava a cena em prece. Shaiany e Pai Aberlado finalizaram a limpeza energética e uniram-se ao grupo, todos formando uma linda corrente vibracional de luz azulada que circundava os encarnados.

– A filha de Madame Nancy é você, Sabina – disse Miguel, intuído por sua mediunidade ostensiva e orientado por Alluna. – Não é isso que o senhor ia contar? – Encarou Aderbal.

– Sim, isso mesmo, meu jovem rapaz – confirmou emocionado e com lágrimas a escorrer. – A nossa filha é você, Sabina. – Ele falava com coragem, sendo igualmente inspirado por sua companheira Alluna, que lhe sorria docemente e mentalmente incentiva-o dizendo *"muito bem, meu amigo, parabéns pela coragem de assumir suas responsabilidades, já era tempo de se apresentar a sua filha"*.

– É verdade. Tem uma moça aqui ao meu lado, ruiva, de cabelos ondulados e pele branca. Ela está me dizendo para confiarmos. Não consigo entender o seu nome... Luana.... Aluana... – comentou Miguel.

– Alluna. É minha mentora e uma grande amiga – disse Aderbal. – Fico feliz que esteja conosco, minha amiga. Obrigado por seu apoio, tenho certeza de que me deu forças neste momento.

– Tudo isso é muito estranho – concluiu Sabina. – Miguel tem esse dom de ver os Espíritos. Madame nunca gostou disso, mas sempre respeitou as intuições e a religiosidade dele. O senhor também tem?

– Eu estudo a Doutrina Espírita. Não possuo a faculdade da mediunidade ostensiva, mas já obtive o merecimento de saber a respeito da minha querida mentora.

Lágrimas escorriam dos olhos de Aderbal. Sabina sempre desejou saber quem era seu genitor e nunca compreendeu o motivo de não ter uma família, mas ela sempre teve uma família, eu era sua mãe e estive sempre ao seu lado, nunca deixei de proteger e de cuidar da minha menina.

10.
CAPÍTULO

CAPÍTULO 10

No Plano Espiritual daquele ambiente, a felicidade estava presente. Enquanto isso eu seguia aprisionada numa cela junto aos Espíritos que me perseguiam após o desenlace do corpo físico. Estava com dores em todo o meu corpo. Hoje entendo que tudo era decorrente da minha sintonia mental, pois não tinha mais o corpo de carne e tudo o que sentia era reflexo dos meus pensamentos em meu corpo espiritual, o chamado perispírito.

– Sua imunda, vai ficar com a gente aqui para sempre, *doutorazinha*. Acha que vai nos enganar travestida de mulher da vida? Não vai não! – disse um deles com muito desdém e ódio.

– Ela nem era doutora, era só uma *enfermeirazinha* desqualificada e maldosa que te matou! – respondeu o seu companheiro de forma voraz.

Eu não me recordava de muitos detalhes de minha vivência passada, apenas dos *flashes* que haviam passado por minha mente. Concentrei-me e recordei-me de minha mãezinha que dizia ser mulher temente a Deus e que me ensinou as bases da religião. Lembrei os meus aprendizados na Igreja e fiz uma prece. Adormeci e durante o descanso recordei-me de maiores detalhes, desta vez não por influência do meu obsessor, mas por mim mesma. Por meio da prece e graças à divina misericórdia do Criador eu consegui começar a me libertar e recebi a benção de começar a relembrar o passado.

Na lembrança, havia um *niño* junto a mim, que estava vestida de enfermeira, o mesmo uniforme do *flash* anterior. O menininho era muito dócil e simpático e chamava-me de mamãe. Era meu filho.

– Esse desenho é para a senhora, mamãe! – Ele me mostrava um desenho no qual eu, vestida de enfermeira, tinha uma capa junto ao meu traje.

– E por que essa capa, meu príncipe?

– Ora mamãe, porque para mim a senhora é uma super-heroína. A senhora salva a vida das pessoas, não é?

– Quem me dera salvar vidas e ser uma super-heroína, meu lindo. Mamãe apenas cuida daqueles que estão dodóis. E fico muito feliz em ajudar aos mais necessitados nas suas recuperações. A enfermagem é uma profissão muito bonita – respondi, abraçando-o carinhosamente.

Juan era o nome dele, o meu único filho. Seu pai chamava-se Carlos, meu esposo. Tínhamos uma vida muito tranquila e modesta, mas feliz. Carlos era contador e tinha uma renomada posição no escritório em que trabalhava. Tínhamos um vínculo grande, éramos verdadeiramente apaixonados e Juan era o encanto de nossas vidas.

Sentia em meu íntimo que aquela cena feliz ficou para trás e que tudo desmoronou depois que eu acidentalmente dei a injeção errada naquele paciente. Por um erro os frascos foram trocados e a identificação foi realizada de forma equivocada. Sentia-me com um imenso remorso apesar de saber que não tinha culpa. "*Não* foi minha culpa", eu gritava e acabei acordando assustada.

Ao mesmo tempo que o pavor tomava conta de mim, senti-me aliviada com a doce lembrança dos meus queridos Juan e Carlos. Eu sentia saudade, mesmo sem conseguir explicar. Pensava: *Quem eram essas pessoas?* Desperta, demorei para ter a consciência de que eram lembranças de minha vida passada. Estava, sem saber, recordando cada vez mais aquela existência. Todo o processo foi gradativo e acontecia sempre que necessário para meu esclarecimento e quando eu me colocava em predisposição, por meio da prece e da oração sincera.

11.
CAPÍTULO

CAPÍTULO 11

No cabaré, Miguel, Sabina e Aderbal estavam em meu quarto segurando a caixa misteriosa. Minha menina seguia confiante de que era o momento de abri-la, após descobrir por Aderbal que era minha filha. Ela ainda não acreditava e achava tudo muito confuso. No Plano Espiritual, Alluna, Pai Abelardo, Daniel e Shaiany acompanhavam a cena.

– Abra, alguma coisa valiosa tem aí dentro! Não seria à toa que Madame deixaria essa caixa escondida – disse Miguel, incentivando-a.

– Certamente há a confirmação da minha revelação. Provavelmente são pertences pessoais de Nancy – falou Aderbal, inspirado por Alluna.

– Tem razão, vou abrir – respondeu Sabina em um ímpeto de coragem e encontrando dentro da caixa algumas valiosas joias e retratos de família nunca antes mostrados a ninguém. Para mim, demonstrar estes sentimentos e lembranças, como lhes mencionei, era uma fraqueza. Que tola eu era! A caixa também continha uma carta escrita por mim e endereçada à minha menina.

Nesta eu contava toda a minha trajetória, como ainda muito jovem saí da Espanha e vim para esta região, como iniciei minha vida de meretriz, como foi que me tornei a tão conhecida Madame Nancy e, o mais importante, a explicação do motivo pelo qual escondi dela que era minha filha.

Lá explicava à minha menina que tinha vergonha, pois não me considerava uma *mujer* digna de ser mãe de uma doce menina. Ocultei toda a verdade por insegurança e fraqueza. Assim que me descobri grávida de Aderbal, esperei cerca de 3 meses e, assim que a barriga começava a dar os primeiros sinais, inventei uma viagem para visitar uma parente muito adoentada. Na época tinha uma grande amiga, Adelaide, que ficou à frente do cabaré para mim e ela era a única que sabia de toda a verdade. Nem o próprio Aderbal sabia, eu escondi dele.

Correspondia-me com a querida amiga Adelaide por cartas. Ela me contava como estava o cabaré e eu narrava as experiências de ser mãe de primeira viagem. Após a gestação, passaram-se mais alguns meses e voltei com a pequena Sabina em meu colo. A todos dizia que ela me tinha sido entregue por uma mulher no percurso de volta à cidade. Inventei uma história e dizia que a mulher havia me abordado e simplesmente entregado a criança e sumido no mundo.

Não queria criá-la naquele ambiente; então entreguei-a ao convento da cidade usando a mesma explicação. Lá ela permaneceu até os 18 anos, quando as freiras não podiam mais acolhê-la. Eu sempre as visitava para levar minhas doações, mas na verdade queria ver a minha menina. Ela foi criada nos bons costumes e era uma moça boa.

Ainda na adolescência, Sabina tinha medo do que aconteceria em seu futuro. Sempre muito inteligente e com boas notas, eu falava que não lhe faltaria um bom partido.

Ao ver-se sem a possibilidade de permanecer no convento, ela bateu à minha porta pedindo abrigo e trabalho. Foi ela quem propôs trabalhar comigo na administração do cabaré, como uma forma de agradecimento por todo o bem que sempre a fiz.

Minha menina não sabia o quanto as palavras daquele dia em que apareceu em minha porta doeram-me o coração. Doeram-me porque eu não me sentia digna de ter uma família, uma filha e muito menos gratidão.

Lágrimas escorriam dos olhos de Sabina ao ler o emocionante relato que eu fiz. Pela primeira vez ela sentia de mim os sentimentos que há muito escondia. Sempre me mostrei durona, incansável e fria. Mas, em verdade, tudo era apenas uma capa para proteção de uma frágil mulher, com dores e ressentimentos represados.

– Então, Miguel, era isso que ela queria me contar antes de partir – disse entre soluços após ler toda a carta.

Na Esfera Espiritual, o ambiente estava mais purificado com a dissolução das formas-pensamento de ordem inferior que lá estavam. Todos sentiam um clima de paz e harmonia maior naquela tarde.

– Apesar de toda essa confusão, o clima está estranhamente leve. Alguma coisa vai acontecer – pensava Rosa, que seguia no andar debaixo fazendo companhia a Aderbal, que retornou ao primeiro andar após Sabina solicitar a gentileza de ficar em silêncio e a sós com Miguel para refletir e entender.

Naquele momento de imensa confusão, dor e ao mesmo tempo alegria, Sabina recebeu generoso abraço de Miguel e aconchegou-se em seus braços como há muito desejava fazer. Ambos os corações bateram em consonância e aquelas duas almas reconheceram-se em verdadeira sintonia de amor sublime. Ao redor deles uma pura energia em tom *rosé* formou-se, circundando-os.

– O que é isso ao redor deles? – perguntou Daniel, observando a linda cena.

– É a energia do amor, meu amigo. Miguel e Sabina são almas afins e neste momento unem-se num abraço com verdadeiro sentimento. Esta energia que os circunda emana deles mesmos e é reflexo justamente do sentimento puro que nutrem um pelo outro. Quando duas almas criam uma verdadeira conexão, elas se atraem e juntas formam sua própria psicosfera energética – explicou Shaiany.

– Que belo! – respondeu Daniel, encantado.

– Uma pena que este ambiente não possa, por enquanto, ser todo protegido e revestido com esta pura e sublime energia. A energia do amor entre almas afins a que me refiro, aliás, não é necessariamente o amor entre um homem e uma mulher, meu amigo. O amor pode manifestar-se de diferentes formas e as almas afins podem reencontrar-se em diferentes posições reencarnatórias, não necessariamente precisam viver uma história de amor no sentido romântico – explanou a Veneranda.

– Mas, e agora? O que fazer agora, meus amigos? – perguntou Daniel.

– Agora, você irá, junto a nós, rogar ao Pai proteção para estes jovens e para o ambiente, bem como para Aderbal, Rosa e todos que aqui residem e frequentam – orientou Shaiany.

Todos silenciaram e juntos, de mãos dadas, rogaram ao Pai de infinita bondade. Alluna aproximou-se deles para o momento de sublime conexão. Todos estavam de mãos dadas e, ao redor deles, uma bela energia formou-se e resplandeceu por todo o ambiente.

– Prece nunca é demais, sabe. – Pai Abelardo orientava a Daniel. – *Ocê* pode ficar em prece o dia todinho que o nosso Pai dá, e *ocê* não vai ter feito prece o suficiente muitas *das vez*, porque o que importa, meu *fio*, não é nem a quantidade de prece, é a pureza com que ocê faz. Lembra disso.

Após a orientação, Shaiany seguiu para aplicar passes magnéticos em Sabina, Alluna em Aderbal, Pai Abelardo em Rosa e Daniel em Miguel, conforme as orientações recebidas pelos amigos do invisível.

Ao se aproximar do rapaz, Daniel sentiu uma emoção muito grande e não soube explicar o motivo pelo qual nutria tanto apreço por aquele jovem. Em verdade, desde que chegou ao ambiente, percebeu algo de diferente em Miguel e recordou-se da simpatia que tinha por ele quando encarnado, mas ao estar junto dele naquele momento, numa conexão mais próxima, a emoção era inexplicável.

– Que estranho! – comentou Daniel. – Ele realmente parece ser um bom rapaz, não sei o motivo, mas me afinei muito, muito com ele. Indescritível sentimento.

– Realmente, Miguel é um rapaz muito bom. Bastante religioso e estudioso da Doutrina dos Espíritos, ele colabora para que possamos vir com maior facilidade por intermédio de seu equilíbrio. Ele realiza um bom trabalho na esfera dos encarnados. Já a sua afinidade com ele vem de outras vidas e logo estará na hora de você se recordar de alguns detalhes.

Por Daniel e Miguel serem Espíritos com um vínculo do pretérito e pelo fato do rapaz ter uma mediunidade mais ostensiva, este sentiu claramente uma forte energia. Arrepiou-se por completo e teve a sensação exata de alguém ao seu lado. Seus Espíritos reconheceram-se energeticamente e o seu coração aqueceu-se. Naquele momento, não via o Espírito de Daniel, porém, ouviu-lhe a voz, mentalmente orientando-lhe a segurar nas mãos de Sabina e fazer com ela uma prece.

12. CAPÍTULO

CAPÍTULO 12

De volta ao Hospital Espiritual em que foi acolhido, Daniel descansava após receber de Shaiany a orientação de revigorar suas energias e acabou adormecendo. Durante o sono, viu-se ao lado de uma mulher e de um pequeno garotinho. Todos estavam felizes na sala de estar de uma casa, conversando alegremente e divertindo-se. Uma sensação de saudade apertou-lhe o peito e ele acordou.

– É bom ter recordações agradáveis de nosso passado, não é meu amigo? – A enfermeira Amália sorriu docilmente ao dizer. – Tome, lhe fará bem.

Ainda sonolento, Daniel se sentou na cama e recebeu da enfermeira um copo com um líquido azul.

– Amiga, explique-me mais sobre essa história de recordações do passado. Qual o objetivo? Não entendo. Estou me sentindo estranho após este sonho – questionou Daniel.

– Lembra-se que Shaiany disse que estava na hora de recordar algumas coisas? Pois então, o processo começou. Você se recordou de uma cena de sua vida anterior, uma existência na qual esteve encarnado junto a Espíritos muito queridos que estavam na posição de sua esposa e seu filho. Seus nomes eram Lúcia e Juan.

– E o que aconteceu com eles? Eu irei reencontrá-los? Faz parte da minha missão?

– Você já os reencontrou, amigo. Assim como você, eles estiveram em novas roupagens na última existência. Um deles ainda prossegue encarnado.

– Qual dos dois? E quem já desencarnou? Quais seus nomes na atual existência? Como posso encontrá-los? – Daniel questionava aflito.

– Acalme-se, meu irmão. Um passo de cada vez. Respire. Agora preciso ver um paciente na ala de ferimentos graves. Enquanto isso, converse com seu amigo. – Em tom de brincadeira ela contou 3... 2... 1..., e no exato momento, Jonathan adentrou a ala em que se encontravam.

É surpreendente o poder de comunicação mental que os Espíritos mais elevados possuem. Além de conseguirem ter uma percepção completa de tudo o que acontece ao seu redor. Eu ainda fico imensamente encantada com todos os mecanismos que a bondosa e amiga Espiritualidade trabalha. *Soy* muito grata pela oportunidade de servir.

Jonathan e Daniel conversaram por um certo período de tempo, cada um compartilhando os acontecimentos daquele dia intenso de trabalho em prol dos que necessitavam de ajuda, além de trocarem aprendizados. A conversação edificante sempre traz ótimos resultados e lições grandiosas. É preciso que no plano terrestre valorizemos mais estas oportunidades redentoras.

13. CAPÍTULO

CAPÍTULO 13

Eu seguia em minha estadia no mesmo local, junto àqueles homens que já não me provocavam mais. Era minha mente que voltava a me atormentar. Pensava eu que pela vida que havia levado, realmente merecia estar naquele sofrimento. A verdade é que, apesar de ser uma mulher forte perante todos, eu realmente não me considerava digna do amor ou da bondade dos outros. Tinha para mim que não merecia.

Após dias de sofrimento íntimo, apeguei-me novamente à fé que outrora me foi ensinada por minha querida *madre*. Orava clamando misericórdia e amparo de Deus. Arrependi-me dos atos de minha existência enquanto no corpo físico de forma genuína.

Enquanto isso, no hospital de resgate, a Veneranda Shaiany convocou Daniel para uma conversa e explicou-lhe que era momento de dar o próximo passo na ação para a qual havia sido convocado. Eu não sabia que eles viriam até mim e que as minhas rogações ao Pai Celeste surtiriam resultados benéficos a mim mesma e àqueles que até o momento considerava como meus algozes. Posteriormente, compreendi que eu era meu único algoz. Reconheço hoje que todos somos almas queridas e que os benfeitores do Além nos amam e velam por nós, estando sempre preparados para nos auxiliar em nossos resgates quando merecemos.

– Sente-se, meu amigo. – Shaiany apontou a cadeira que estava a sua frente para Daniel. Eles se encontravam em uma saleta reservada que a Veneranda usava para reuniões breves e análise de documentações que lhe eram enviadas, uma vez que ela era a responsável pelo projeto de resgate e amparo aos Espíritos desencarnados naquela região da Grande Guerra, e não ficava apenas à disposição de orientar Daniel.

– Veneranda, este hospital foi criado para auxiliar os irmãos que desencarnaram na guerra, bem como seus familiares e amigos. – Iniciou Daniel. – Eu desencarnei durante os combates, assim como Jonathan, mas ele tem trabalho em prol dos nossos companheiros e eu, apesar de muito grato pela oportunidade de ajuda, estou colaborando com amparo a Sabina e como me disseram, iria ajudar uma mulher desencarnada. Quem seria ela? Também gostaria de aproveitar e perguntar sobre Madame Nancy. Não obtive notícias dela. Sei que somos pessoas sem um vínculo direto ou afetivo, mas gostaria de saber – questionou indo diretamente ao ponto.

Daniel sempre foi muito direto em toda a sua vida. Era também um homem muito decidido em suas opiniões e que gostava de compreender com base na razão tudo o que deveria fazer. No Plano Espiritual sua personalidade não mudou e ele desejava continuar tendo explicações racionais e respostas para tudo, apesar de ter aprendido a lidar com mais humildade e de saber que não teria todas as respostas na hora que desejasse. Nós nos esclarecemos aqui no outro plano, mas ninguém se transforma intimamente de forma repentina. O processo de aprimoramento é gradativo e lento.

– Meu amigo, já que deseja ir diretamente ao ponto, vamos lá. – Apontando para a lateral esquerda, Shaiany fez alguns movimentos singelos com as pontas dos dedos e uma espécie de tela projetou-se ao lado deles. Ambos olharam para a tela na qual apareceu a cena que Daniel recordou em sonho, uma feliz família reunida na sala de estar.

– Esta foi a cena de meu sonho. Disse-me Amélia que recordei minha vida passada – respondeu um pouco confuso.

– Na verdade, enquanto você repousava eu, aqui da minha sala, projetei em você essa memória por meio da força mental e o induzi a se recordar. Foi uma espécie de hipnose mental durante o seu descanso. Mas, explicar as técnicas não vem ao caso no momento. – Levantando-se, a Veneranda aproximou-se de uma grande janela de vidro pela qual via-se todo o exterior. – O fato é que, sim, esta é uma recordação que você guarda em sua mente como Espírito imortal, todas as suas experiências estão arquivadas em seu Ser. Basta aprender e ter maturidade espiritual, bem como merecimento, para conseguir desbloqueá-las.

– Ainda não entendo o que essas lembranças têm a ver com toda a situação.

– A sua afinidade com o jovem Miguel se dá pelo fato de que ele foi Juan, seu filho em outra existência, o simpático menininho da sua recordação. Já sua esposa Lúcia, reencarnou como Nancy. Por isso tinha um carinho tão grande por ela. Vocês são almas afins, só não reencarnaram novamente em posição de marido e mulher. Nem você ou Nancy tiveram novamente Miguel como filho biológico, mas Nancy cuidou dele desde que ficou órfão e você agora pode orientá-lo. Já a outra pessoa que precisará auxiliar é justamente ela. Nancy se encontra em zona de sofrimento e precisa de nossa ajuda. Após muita aflição, ela está começando a despertar para a realidade espiritual e é chegada a hora de agirmos para trazê-la ao nosso convívio. Precisávamos aguardar que ela escolhesse isso.

Daniel estava estarrecido, mas ao mesmo tempo tudo fazia sentido para ele. Não entendia o motivo, mas intimamente sentia o coração quente com esta informação. Sua maior dúvida era quanto a Sabina, mas antes de que pudesse formular as palavras, Shaiany prosseguiu:

– Sabina não tem um vínculo reencarnatório direto com você. A afinidade dela é com Nancy. Ela foi mãe de Nancy quando ela foi Lúcia, mas faleceu quando ela ainda era pequena e você não chegou a conhecê-la quando se casaram. – Após uma breve pausa prosseguiu. – Sei que são muitas informações novas, meu amigo, por isso, coloque suas ideias em ordem. Recomendo que se encontre com Dr. Cleomar, um colaborador do nosso hospital que poderá dar-lhe orientações e auxílio a respeito desta experiência de recordações de fatos passados.

Dr. Cleomar é um grande médico do Além, Espírito de alta envergadura que atua no estudo da mente humana. Fazendo uma alusão aos profissionais do orbe terreno, era uma espécie de psicólogo no Plano Espiritual, amparando e orientando todos a se encontrarem do outro lado da vida, a compreenderem sua nova realidade, bem como a lidarem melhor com as informações impactantes.

Uma jovem moça com olhos puxados e cabelos curtos na altura dos ombros, pele morena, e vestida com blusa e saia azul turquesa, segurando uma pasta, realizava o trabalho de secretária naquela Estação Espiritual. Adentrara a sala após a chamada de Shaiany por meio de um aparelho retangular com uma série de números, que, naquela época, inexistia em nossa sociedade, mas que nos tempos atuais em que venho lhes trazer a história, é muito popular e indispensável à comunicação dos encarnados. Daniel olhava curioso para o aparelho.

– Um dia todos na Terra terão um aparelho desses, meu amigo. As tecnologias e modernidades primeiro aqui são criadas, testadas e utilizadas. Décadas depois Espíritos habituados a usá-las e muitos dos engenheiros espirituais que trabalhavam em suas criações, reencarnam no orbe planetário para levar aos encarnados as ideias e, claro, implementá-las – dizia a bondosa Veneranda. – Cilinzia, por gentileza, acompanhe nosso amigo Daniel até a sala de Dr. Cleomar.

Daniel agradecera a Veneranda e acompanhara Cilinzia. Conversara longamente com Dr. Cleomar, que lhe fizera algumas sessões, nas quais ocorriam momentos de indução a recordação de momentos pretéritos junto a mim, enquanto Lúcia, e ao querido Miguel, à época, Juan. Os momentos de recordação eram repletos de emoção.

14. CAPÍTULO

CAPÍTULO 14

Algumas semanas se passaram conforme a contagem de tempo no plano terrestre. Digo isso pois aqui o tempo não passa como para vocês. No início foi difícil aceitar estas realidades, bem como muitas outras, mas todos passamos por estas dificuldades em maior ou menor proporção, sendo o período de adaptação mais ou menos longo para cada um de nós.

– Chegou o dia de irmos até a nossa querida irmã Nancy – falou Catarina, uma bondosa companheira que estava sob supervisão de Shaiany e que acompanharia Daniel na tarefa a ser realizada.

– Shaiany não vai conosco? – questionou Daniel.

– A Veneranda precisa realizar uma grande tarefa no dia de hoje. Não que a nossa não seja relevante, mas é algo que nós podemos dar conta sozinhos – explicou amorosamente. – Infelizmente será um dia tenebroso no plano terreno, novos bombardeios acontecerão aqui pela região e, infelizmente, pela ganância humana de poder e injustiça dos homens, muitas almas precisarão ser resgatadas. O clima da psicosfera está extremamente denso em virtude das formas pensamento emanadas. – E apontando para uma janela que ficava próxima, podia-se ver uma nuvem escura, densa e carregada. – Esta nuvem que paira sob a região, meu amigo, é reflexo da carga negativa dos encarnados. Nossa amiga, como uma boa líder, estará à frente dos trabalhos diretamente nos campos de batalha. Será mais um momento de muita dor e sofrimento.

– Entendo. Que o Senhor tenha misericórdia destas almas e daqueles que estão praticando todo este mal – respondeu Daniel com sentimento de pesar.

– Que assim seja, meu irmão. O Pai a ninguém abandona, jamais. Muitos destes companheiros já não poderão transitar mais nas lides em nosso planeta e serão exilados para mundos apropriados ao adiantamento que possuem, muito antes da era de regeneração que acontecerá dentro de algumas décadas no Plano Espiritual, quando muitos Espíritos empedernidos no mal não poderão regressar à Terra.

– Fico ainda estarrecido com a perfeição logística de tudo o que acontece. Os planejamentos são perfeitos.

– A perfeição é apenas do Pai Maior, meu irmão. Muito do que planejamos também dá errado, mas lutamos para sempre reverter a situação trabalhando com amor e alegria – respondeu com um leve sorriso. – Agora vamos, nossa amiga precisa de nós.

Eu seguia sentindo-me fraca, pois estava sem me alimentar e sem nada beber. Hoje compreendo que, para o Espírito, estas necessidades são inexistentes. A cela em que estava ficava situada em uma casa numa cidade de aspecto tenebroso.

– Chegamos à cidade na qual a nossa querida irmã está alocada – explicou Catarina ao se materializar ao lado de Daniel. Estavam numa rua escura, com folhas caídas ao chão e ao redor deles casas de aspecto sujo, tudo muito escuro e uma grande ventania.

– Que lugar é esse? Mais parece uma locação de película de terror! – Daniel estava observando o local enquanto sentia um gélido vento em seu rosto.

– Da mesma forma que temos nossas cidades e Colônias espirituais nas quais acolhemos e evoluímos, meu amigo, há no Plano Espiritual cidades como esta, nas quais os Espíritos que escolhem aqui residir são ainda renitentes no mal, não buscam a evolução e gostam de estar assim por não compreenderem as divinas leis do amor. Algumas destas cidades são tão organizadas quanto as Colônias de amor. O agrupamento de Espíritos dá-se sempre de acordo com as afinidades.

Havia um barulho ensurdecedor dos ventos e dos gritos dos seus habitantes que andavam perdidos pelas ruas. Em algumas vielas havia maquinários que eram desconhecidos para Daniel e emitiam sons estridentes e, ao lado deles, Espíritos em total desequilíbrio.

Catarina e Daniel caminharam até a frente de uma casa que tinha iluminação toda vermelha e adentraram o ambiente. Eles não eram visíveis aos que ali estavam por estarem em uma vibração superior. Dentro do local, Espíritos agiam de forma deplorável e sem a menor dignidade. Os meus benfeitores contaram-me que adentraram por uma saleta, um corredor escuro, desceram algumas escadas e chegaram ao local em que me encontraram.

Assustei-me quando ambos apareceram diante de mim. Eu os conseguia ver por estar em momento de prece sincera. Apesar de muito fraca, estes momentos me revigoravam e me sustentavam.

– Dr. Daniel? O que faz por aqui? Como entrou? Também foi sequestrado? – perguntei, zonza. – E quem é esta moça?

– Madame Nancy, vim ajudar-lhe. Sou seu médico, recorda-se? Você está muito doente ainda, minha amiga. – E recebendo as orientações mentais da querida Catarina, ela o intuía a dizer: – Vamos, tome este remédio, você irá adormecer e lhe levaremos a uma enfermaria. Você aceita a minha ajuda? – disse, colocando em minhas mãos um frasco com um líquido rosa.

– Claro que aceito, em você eu confio. Que saudades! – Sem forças, bebi o líquido e logo adormeci em seus braços. Daniel aconchegou--se comigo no canto da cela tomando-me em seu colo, enquanto uma nova ação de socorro seria realizada, agora diretamente por Catarina.

– Quem são vocês? O que estão fazendo aqui? – gritou aquele que era meu obsessor.

– Somos amigos que vieram ajudar a uma irmã e você pode ser ajudado por nós também, meu querido – respondeu Catarina bondosamente.

– Ajudar? Se vocês são amigos da minha inimiga, são meus inimigos também.

– Não temos nada a ver com o que aconteceu no passado de vocês. Mas, meu amigo, já é tempo de perdão. Não vê que ela está em nova roupagem? Você também pode ter a chance de recomeçar. Há uma pessoa muito especial com saudade de você e ela pediu para que eu viesse te trazer este recado. Sou muito amiga dela, então posso ser sua amiga, o que acha?

– Não caia no conto dessa daí não! – disse o rapaz que estava em outra cela. – Saia daqui, bruxa!

Catarina ignorou educadamente as ofensas e estendeu sua mão direita projetando a imagem de uma senhora de cabelos loiros, com ar muito dócil e que rogava em prece. O Espírito, até então bravo, emocionou-se ao ver aquela que havia sido sua mãe. Com a mão esquerda Catarina fez algumas movimentações e a cena mudou. A senhora aparecia junto dela falando: – *"Minha filha, salve meu querido Olavo. Eu estou com tantas saudades dele. Faz muitas décadas que ele se perdeu e eu não aguento mais ficar longe do meu querido filho. Dê este recado a ele, por favor"*.

– O que é isso? Você é uma bruxa realmente? Como pode mostrar minha mãe assim? O que é isso em sua mão? – Ao mesmo tempo que estava emocionado e em lágrimas, estava muito confuso.

– Meu amigo, eu posso lhe explicar, mas não aqui e não agora. Venha comigo e saberás. Eu estou com sua mãe como pôde ver. – Calmamente Catarina foi até ele e abraçou-o, aplicando-lhe passes magnéticos que o fizeram adormecer, pois intimamente ele havia aceitado a sua ajuda, graças às rogativas de sua mãe.

Naquele exato momento dois enfermeiros materializaram-se ao lado dela e seguraram--no, colocando-o numa maca. Eu, que seguia adormecida no colo de Daniel, logo fui colocada noutra maca. Olavo, assim como eu, foi resgatado. O outro companheiro não aceitou a ajuda de Catarina e esbravejava com revolta a cada tentativa de aproximação. Infelizmente precisaria passar mais alguns períodos naquela localidade para compreender a divina misericórdia.

15.
CAPÍTULO

CAPÍTULO 15

– Miguel, sente-se bem? – Sabina abordou-o ao vê-lo cambaleando próximo ao bar do cabaré.

– Sinto-me um pouco estranho e estou com uma palpitação em meu coração. O clima está pesado. Não acho uma boa ideia reabrir o cabaré – respondeu, segurando o seu crucifixo e iniciando uma prece.

– E você vai pagar nossas contas, bonitão? Esse puritanismo é coisa da sua religião. Eu me pergunto o que você faz aqui ainda! – debochou Rosa, retrucando enquanto se preparava animada para a noite. – Daqui a pouco vai fazer disso aqui uma igreja ou aqueles lugares que mexem com os Espíritos, essas coisas que você gosta! – E fez um sinal da cruz como se este ato ritualístico lhe fosse proteger de algo, o que naturalmente não ocorreria, uma vez que toda nossa proteção se dá, não por meio de sinais ou amuletos, mas pelo pensamento equilibrado e sintonizado com o Alto.

– Rosa, não comece – censurou Sabina. – Vamos lá para cima – disse para Miguel.

– Não vou deixar você sozinha aqui! É o primeiro dia de reabertura do cabaré após o falecimento de Madame e os homens desta cidade estão em polvorosa para a grande festa, nem parecem ter esposas em casa. Alguém precisa coordenar a segurança, as meninas não podem ficar desprotegidas.

– E eu sou o que, meu rapaz? – Roberto, um dos seguranças do cabaré, aproximou-se com voz firme. – Eu administro tudo por aqui.

Ora, fui eu que te ensinei tudo enquanto mal havia saído das fraldas. – Brincou.

Todos riram gostosamente da brincadeira. Roberto era um homem muito fiel a todas nós, e realmente me ajudara bastante no início do cabaré. Assim como eu, já não tinha mais a firmeza dos vinte e poucos anos, mas gostava de trabalhar. Realmente fora ele quem ensinara tudo ao jovem Miguel e tornara-o o chefe da segurança do meu estabelecimento.

– E eu ficarei com você até melhorar – disse Sabina.

Os jovens subiram e, apesar de não conseguirem enxergar com os olhos da carne, o ambiente estava realmente pesado, e só não estava pior em virtude da limpeza energética anteriormente realizada por Shaiany e Pai Abelardo. Entretanto, nenhuma proteção é para todo o sempre, e as próprias meretrizes já estavam emanando formas pensamento que contaminavam o ambiente e sintonizavam-se com as energias mais densas. Miguel, por ter uma sensibilidade maior, sentia de vez em quando estas energias.

Sabina e Miguel mantinham-se em silêncio à sós no quarto. Ela acariciava seus cabelos enquanto ele orava. Ao lado deles apareceu o querido Daniel acompanhado de Gioconda, mentora espiritual de Miguel, a fim de auxiliá-lo.

– Obrigada por todo o apoio que tem dado ao nosso menino. – Sorriu gentilmente Gioconda, uma senhora baixinha, de aspecto dócil e muito simpática. – Fiquei sabendo que veio auxiliá-lo algumas vezes. Nem sempre estou presente ao lado dele, pois tenho meus afazeres no Plano Espiritual e também preciso respeitar o espaço do menino, mas estou sempre atenta a tudo o que acontece com ele.

– Eu sei, aprendi nos estudos que tenho feito que não temos como ter o nosso anjo guardião ao nosso lado 24 horas por dia. Ouvi falar muito bem da senhora. Aliás, transmite uma energia muito boa, é uma verdadeira anja. E não precisa me agradecer, gosto muito dele desde que vim aqui pela primeira vez ainda encarnado, mas à época não dei atenção – respondeu Miguel.

– Quando estamos absortos na carne, dificilmente damos atenção aos sentimentos e intuições. Concentramos nossa atenção nas questões materiais e poucas vezes na Espiritualidade – Gioconda respondeu. – Vamos aplicar-lhe alguns passes magnéticos?

Ambos se posicionaram ao lado de Miguel e aplicaram-lhe os passes magnéticos, que o fortaleceram.

– Busque vivenciar a sua Espiritualidade – sussurrava Gioconda ao seu tutelado, que sentia como se ouvisse uma voz falando em sua cabeça.

– Escuto uma voz falando para vivenciar a minha Espiritualidade – comentou com Sabina.

– Não começa! – Assustada, a menina se sobressaltou. – Daqui a pouco vai começar de novo com as teorias de vozes do Além e Espíritos. Você sabe que eu tenho medo dessas coisas, Miguel.

– Tem medo porque não estuda. Eu já te presenteei com *O Livro dos Espíritos* e você nunca quis ler – comentou Miguel educadamente. – O medo que tem é porque desconhece, então imagina irrealidades.

Naquele momento Aderbal bateu à porta e a abriu vagarosamente, entrando no quarto. Ele e Sabina tinham se aproximado e estavam se conhecendo. Minha menina compreendeu que não foi culpa dele tê-la abandonado, porque na verdade ele não sabia que eu estava grávida. Soube apenas poucos meses antes de meu falecimento, quando já estava muito doente e busquei-o para a revelação.

– Vim prestigiar a noite de reinauguração, quis ver como tudo estava e soube que estavam aqui nos aposentos. Miguel não se sente bem? – questionou Aderbal.

– Está passando mal, sentindo uns calafrios e agora diz ouvir vozes na cabeça, vê se pode! – logo respondeu Sabina. – Será que não é imaginação?

– Pelo que já conversamos, é frequente que Miguel tenha estas sensações, não é meu filho? – questionou o senhor, olhando para o jovem e sentando-se ao seu lado.

– Sim, não é a primeira vez – respondeu o jovem.

– Busque pela Espiritualidade, meu rapaz – disse Aderbal sob orientação de Alluna, sua mentora que lhe guiava naquele momento e juntando-se a Daniel e Gioconda na Esfera Espiritual do ambiente.

– Foi exatamente isso que comentei com Sabina – disse o jovem rapaz, assustado.

– O senhor ouviu por detrás da porta? – perguntou Sabina.

– Juro que não! Você já conhece a Doutrina dos Espíritos, não é? – curioso, perguntou Aderbal ao se recordar da cena no dia em que conheceu a todos. Naquele dia, Miguel comentou acerca da intuição que Alluna lhe transmitiu. – Me parece ao menos familiarizado e com prévio conhecimento.

– Sim senhor, minha família era espírita. É Sabina que tem medo e não deseja sequer conhecer. Cabeça dura – respondeu Miguel.

– Sabina, não há motivos para temer. O Espiritismo é uma Doutrina surgida na França, no ano de 1857. Seus livros têm chegado ao Brasil. Esta Doutrina nos ensina sobre a imortalidade da alma e sobre a comunicação com os chamados mortos, que na verdade de mortos nada têm, são vivos, mas em outro plano. – Riu enquanto fazia o trocadilho. – Eu mesmo tenho um grupo de estudos da Doutrina de Kardec em minha casa. São comuns agrupamentos familiares e de amigos que se reúnem em casa para estudar os ensinamentos dos Espíritos. Pelo que sente, talvez você seja o que chamamos de médium. Todos nós, em verdade, somos médiuns em maior ou menor grau de sensibilidade, mas é comum chamarmos assim os que são ostensivos, ou seja, aqueles em que a mediunidade se apresenta de forma muito clara – esclareceu Aderbal.

– Sim, pelos meus estudos e experiências tenho chegado também a esta conclusão. Sempre estudei sozinho pelos livros que herdei de meus falecidos pais, as obras básicas da Codificação – confidenciou Miguel.

Aderbal e Daniel conversaram por longo período sobre a Doutrina dos Espíritos e Sabina, que escutava tudo com muita curiosidade, apesar de um certo receio, começou a desmistificar algumas ideias e a se interessar pelo assunto. Ao final das explicações e das orientações, Aderbal prometeu de lhes acompanhar nos estudos e em conversas edificantes em torno de *O Livro dos Espíritos* de forma regular.

Miguel e Sabina iniciaram o estudo regular de *O Livro dos Espíritos* e reuniam-se semanalmente para ler e conversar sobre o aprendizado. Juntavam-se a eles, regularmente, Daniel e Gioconda. Enquanto os jovens acreditavam que eram apenas dois estudantes, na verdade, eram quatro.

Miguel desenvolveu a sua mediunidade ostensiva de forma equilibrada, tendo a orientação e suporte de Aderbal. Já Sabina encontrou-se no estudo da Doutrina e começou grandioso trabalho de caridade aos mais necessitados, em especial junto às crianças carentes. Ainda de forma embrionária e simples, deram início a uma nova realidade que desabrocharia naquele ambiente.

16. CAPÍTULO

CAPÍTULO 16

A evolução também ocorria aqui do outro lado da vida e eu começava a despertar para as verdades do Plano Espiritual. Logo após ser resgatada, fui encaminhada para uma Colônia Espiritual, na qual fiquei temporariamente em um leito de enfermaria até ser realocada para um aconchegante lar. Era um lugar encantador.

– Belíssimo, não é? – Olhava Shaiany enquanto parava junto a mim em frente ao edifício onde iria residir, após termos caminhado algumas quadras vindo do hospital daquela cidade.

– Imensamente. *Estoy* encantada com todo esse lugar. Estranho! Sinto-me em casa – respondi.

– E está voltando para casa. Não se recordou do passado junto ao Dr. Cleomar?

– Por um bom tempo achei que estava louca e que tudo não passava de uma pregação de peças.

– Eu bem o sei, pelo trabalho que você deu – riu Shaiany ao recordar.

Realmente, ao despertar pela primeira vez na ala hospitalar em que me encontrava, dei muito trabalho. Mulher geniosa, não aceitava falar com os enfermeiros e exigia falar com os superiores. Queria saber que lugar era aquele, onde estava e o porquê, até que Shaiany apareceu para mim e, após horas de conversação, esclareceu-me tudo. Estava tão estarrecida quanto ficou o querido Daniel, até mais, pois meu querido ainda teve contato com os ensinamentos da vida imortal enquanto no corpo de carne e eu nem isso, mas por responsabilidade e desinteresse unicamente meus.

Ao me recordar de Carlos e Juan, lágrimas verteram compulsoriamente de meus olhos e uma saudade abriu-se em meu peito. A imensa afinidade com ambos na última existência fazia todo sentido.

Muito emocionada, recordo-me do meu primeiro encontro com Daniel após as revelações. Foi um momento sublime de reconhecimento de uma alma querida. O imenso carinho que sentia por ele crescia ainda mais. O amor que nutríamos um pelo outro era verdadeiramente genuíno. Eu, enquanto encarnada, o reconheci como alma afim, mas pelo desconhecimento das leis universais que hoje compreendo que regem tudo, focalizava apenas nos desejos de carne e acreditava estar platonicamente apaixonada por aquele lindo homem. Confundia a afinidade de almas com a paixão da carne, equivocadamente.

A Colônia era um lugar encantador e com belas paisagens. Daniel ia visitar-me com regularidade, mas, ainda estava sendo amparado e tinha como acolhida o Hospital Espiritual no qual estava alojado. Mais tarde teve autorização de se mudar e residir junto comigo.

– Shaiany irá levá-lo até a sua nova morada e lhe auxiliará em algumas recordações. Ela virá logo mais – explicou Catarina a Daniel, que estava aguardando o momento de retornar.

– Meu amigo, sentirei sua falta. Não teremos como conviver diariamente, mas estarei sempre disponível para lhe ajudar. Espero que possamos brevemente nos reencontrar nas sendas da vida. – Jonathan falou ao amigo enquanto o abraçava.

– As almas afins sempre estão ligadas pelos laços de amor. Estamos conectados uns com os outros – disse Catarina. – Veja o seu caso e o de Amélia, amigo Jonathan. São almas afins que se reencontraram no Mundo Espiritual após a sua última passagem pela Terra.

– É verdade. No início não me recordava dela, mas aos poucos minhas memórias retornaram. É curioso como vamos sempre nos conectando com as pessoas e por mais que não reencarnemos juntos, os laços de afinidade continuam. Fico muito grato por ter Amélia ao meu lado. Tivemos uma única vez a oportunidade de encarnarmos juntos e de estarmos na mesma família consanguínea, como irmãos, mas o nosso laço de fraternidade ultrapassou as barreiras da carne. Hoje somos verdadeiros irmãos de alma. Nutro por ela um imenso carinho, assim como com vocês dois – disse estendendo a mão a ambos.

– Todos nós devemos aprender um dia a nos considerarmos irmãos uns dos outros, o que realmente somos. Não só entre nós, mas principalmente com os companheiros com os quais não temos vínculo afetivo ou que talvez tenham nos feito algum mal. As pessoas que estão promovendo esta Grande Guerra, por exemplo, também são nossas irmãs. Será que estamos amando-as como nos ensinou o Cristo? – ensinou Catarina.

– É muito difícil amar quem faz tanto mal, mas estes são os mais necessitados do amor – completou Daniel.

– Que possamos nos burilar sempre em busca do amor – finalizou Jonathan.

Neste momento, materializou-se Shaiany com um belo sorriso e serena como sempre.

– É nesta sintonia de amor e clima de harmonia que lhe convido, Daniel, a regressar ao lar. Vamos? – A Veneranda estendeu a mão ao querido Daniel que se despediu de todos e, junto com a Orientadora Espiritual, desmaterializou-se do ambiente. Em questão de segundos, ambos estavam ao meu lado, em minha morada.

– Daniel, aqui reside Nancy. Ela já está instalada e você viverá junto dela, como já aceitou. São almas afins e juntos poderão recordar, estudar e progredir aqui no Plano Espiritual, até que seja concedida nova oportunidade de reencarnar. Poderão manter-se nesta aparência da última encarnação, ou modificar o corpo espiritual para que mantenham a aparência de algumas de suas encarnações anteriores, tudo será uma questão de decisão pessoal de vocês – explicou Shaiany.

– *Yo* continuarei como Madame Nancy, *lã española* – ri gostosamente ao falar com a Veneranda e com Daniel, rodopiando, fazendo movimentos com as mãos e ostentando uma bela rosa em meus cabelos pretos novamente presos e muito bem arrumados. – *Juegos* a parte, Madame Nancy trouxe-me grandes lições e aprendizados, foi uma existência intimamente sofrida, mas que me fez compreender as bênçãos divinas. Sei que meu sofrimento foi fruto da necessidade de autoperdão, pois julgava-me pelos equívocos cometidos quando fui Lúcia. O erro não era meu, mas me culpava e isso fazia-me muito mal.

– Não precisava ter sido assim, não é mesmo, minha irmã? – amorosamente comentou Shaiany.

– Sei que não – respondi-lhe. – Fora-me dado muito suporte e orientação aqui no Plano Espiritual antes do meu regresso às lides terrenas como Nancy. Mas lá, inconsciente das lições aqui aprendidas, deixei-me levar pelo medo e pelo remorso e não escutava as orientações espirituais que me eram dadas. Perdi-me na vida com atitudes equivocadas, reflexo da autoculpa que me aplicava. Nunca me senti digna de ter uma família e uma filha, pelo mal que considerava ter feito a Carlos e Juan.

– Não nos fez nenhum mal, minha amiga. – Cortou-me Daniel. – Enquanto Carlos, após o ocorrido com você, lutei para salvar-lhe das acusações. Quando foi presa, fiz de tudo para ajudar-lhe provando sua inocência.

– Sei disso, mas se não fosse aquele erro não teria a necessidade de enfrentar tantos por mim. Sua imagem também ficou manchada à época, perdeu o emprego, foi humilhado publicamente e nosso querido Juan sofreu muito na infância e adolescência. Não pude dar-lhe o verdadeiro amor de mãe. Tresloucada, à época, suicidei-me causando mais sofrimento a todos ao meu redor.

– Minha amiga, para nós todos, foram lições aprendidas. Não sofremos por acaso. As dificuldades foram necessárias para nosso crescimento e os atos equivocados nos trouxeram lições – disse Daniel.

– A dificuldade que sofreu enquanto Lúcia nada teve a ver com débitos do passado, diferentemente de quando viveu como Nancy. Por isso sofreu mais após este último desencarne, percebe a lição? – perguntou Shaiany.

– Sim, meus momentos de sofrimento após a desencarnação foram unicamente por minha responsabilidade e por conta da minha sintonia mental. Eu que atraí para junto de mim aquele companheiro e permiti que me levasse junto de si. Se vibrasse em outra sintonia, poderia ter logo encontrado meus amigos – Eu disse. – E como está o companheiro Olavo?

– Recuperando-se nas câmaras de refazimento. Foram décadas em sofrimento e está muito desestabilizado. Encontra-se em uma Cidade Espiritual Universitária voltada ao estudo da medicina. Sua próxima encarnação já está sendo preparada pelos engenheiros da reencarnação. Ele poderá, é claro, participar do processo caso fique em condições para isso.

Caso contrário, terá uma reencarnação compulsória. É tempo deste irmão evoluir! Apesar de respeitarmos o livre-arbítrio, por vezes temos que dar uma ajudinha – disse Shaiany com leve sorriso.

– Cidade Espiritual Universitária? Explique-nos mais sobre isso. – Achei interessante a informação e questionei.

– Sim, é uma Cidade no Plano Espiritual na qual existem diversos centros de estudos, Universidades do Além. Os Espíritos que lá residem estão estudando ativamente sobre os diversos campos do saber, aprendendo e desenvolvendo informações para o aprimoramento de diversas áreas na Terra. Há também, nas alas voltadas à medicina, espaços para tratamento de companheiros que necessitam de ajuda e amparo. Olavo está internado num destes complexos e recebe a visita periódica de sua mãe. Após ter alta, poderá residir com ela – completou a Veneranda. – Agora, precisarei voltar aos meus afazeres no campo de batalha. Cuidem-se e, havendo qualquer necessidade, mentalizem e serão auxiliados.

Como num passe de mágica, a Veneranda Shaiany esfumaçou-se no ar. Ficamos eu e o querido Daniel dialogando por longas horas, recordando nossas experiências pretéritas e as lições que aprendemos juntos. Nutríamos um pelo outro imenso carinho e sentimento de fraternidade. Via-o agora com outros olhos, diferentemente de quando na carne. Não o admirava apenas pela beleza física, pois compreendia que era algo passageiro, mas pela essência de seu Espírito e o reconheci verdadeiramente como minha alma afim, assim como Sabina e Miguel também eram. Não vivíamos mais como marido e mulher, como na época de encarnados enquanto Lúcia e Carlos, mas como grandes amigos que se reencontraram na trajetória da vida imortal.

O tempo passou e Sabina e Miguel estavam avançando nos estudos do Espiritismo junto a Aderbal, que passou a frequentar com regularidade o cabaré, a fim de orientá-los. O tão famoso cabaré de Madame Nancy, inclusive, estava com as atividades de cunho adulto inativas. Funcionava apenas o bar que agora também era um restaurante. Os quartos transformaram-se em aposentos para quem desejava alojar-se, como um pensionato. O letreiro de frente foi trocado para Casa de Madame Nancy. Não era mais um local voltado aos prazeres da carne, mas para acolhimento e abrigo dos mais necessitados. Aos que não podiam pagar por alimento e moradia eram reservadas comidas e alguns aposentos mantidos pelo restaurante e pelo pagamento dos outros hóspedes. Aqueles que não podiam pagar pela hospedagem com recursos financeiros também eram incentivados a se dedicar ao trabalho para a manutenção ou aos trabalhos de caridade que foram implementados por Aderbal, que assumiu a frente do estabelecimento junto a Sabina, sendo verdadeiramente um excelente pai.

– Tudo mudou, está tão alegre, mais vivo! As cores escuras das paredes deram lugar a cores vibrantes. *Estoy* encantada com *la casa de* Madame Nancy! – disse, ao observar a mudança do ambiente em uma das visitas periódicas que realizava com Daniel.

– Realmente está tudo muito diferente! Muitos anos se passaram, Nancy. – Daniel falava ao observar algumas crianças correndo pelos corredores.

Além de pensionato, Sabina destinou uma ala para ser um orfanato, abrigando crianças cujas mães não podiam cuidar. Teve essa ideia para ajudar as freiras do convento que estavam em uma situação precária após um incêndio que assolou o local.

– Quem diria que iríamos ver crianças correndo e brincando por aqui! – Estava emocionada. – Em breve será a sua vez de correr por estes corredores, meu querido.

– Nem me fale, Nancy. Estou ansioso para ter a oportunidade de regressar à carne, agora como filho de Miguel e Sabina. Serei filho daquele que no pretérito foi o meu filho e, da sua filha que em vida pretérita foi a sua mãe! Como a vida é surpreendente!

– Estamos sempre nos entrelaçando! Agora você será filho do seu filho e eu fui mãe da minha mãe. – Ri gostosamente. – A vida é cíclica, meu querido. Estamos sempre em constante mudança de posição. Mas estarei disposta a te ajudar e ficarei aqui para te auxiliar e orientar. Ainda não como sua mentora, mas como uma grande amiga. A responsabilidade maior deixo para Jonathan, ele sim está bem preparado.

– Espero poder ouvir-lhes devidamente! – Riu Daniel.

– Se não ouvir, ouvirá a mim, pois gritarei em seus ouvidos e farei manifestações espirituais com as rosas para chamar-lhe a atenção! Como terá mediunidade ostensiva, fique tranquilo, pois aparecerei para puxar-lhe as orelhas – disse, enquanto brincava puxando uma de suas orelhas.

Daniel passou todo o processo espiritual necessário para que a reencarnação se concretizasse. Alguns meses antes da fecundação ele foi levado a uma ala do Hospital da Colônia em que residíamos. É neste local que os Espíritos são preparados para o ato da reencarnação, tendo seus perispíritos remodelados para atender às necessidades do novo corpo físico. É um processo lento e gradual, no qual perdem a consciência e retornam à forma de embriões minúsculos que são cuidados por uma equipe de trabalhadores espirituais dedicados ao processo reencarnatório.

Todo o planejamento de sua reencarnação ocorreu no Plano Espiritual e com a participação de seus futuros pais, Sabina e Miguel. Eram encontros amorosos e repletos de planos dos quais tive a oportunidade de participar algumas vezes, já que havia me comprometido a ser uma amiga, um Espírito familiar que lhe acompanharia e ajudaria Jonathan, que seria seu mentor. Participavam das reuniões, quando necessário, o querido Aderbal, por ser um companheiro muito dedicado e que teria relevância em sua encarnação; Gioconda, por ser mentora de Miguel; Edvaldo, por ser mentor da minha menina Sabina; e Jonathan, que seria mentor de Daniel.

No dia planejado para a reencarnação de Daniel, Sabina e Miguel amaram-se de forma pura e genuína, tendo o ambiente recebido antecipadamente a proteção magnética projetada pelo irmão Abílio, que seria o instrutor e Médico Espiritual responsável pela concretização da fecundação que vincularia, a partir daquele momento, o períspirito de Daniel ao seu futuro corpo físico. Todos estávamos muito ansiosos reunidos em vibrações e prece para que o procedimento se concretizasse adequadamente. Apesar do planejamento, há as circunstâncias da vida e o livre-arbítrio dos encarnados.

– A ligação do períspirito ao embrião foi um sucesso. Tendo em conta que a ligação se deu no ato da concepção, Daniel encontra-se ligado ao corpo físico. Agora, é acompanhar a gestão e a concretização desta nossa atividade por meio do seu nascimento – comentava com felicidade Dr. Abílio ao regressar à Colônia.

O nascimento de Daniel, agora Manoel, foi momento de sublime alegria ao qual tivemos a oportunidade de assistir por meio de uma retransmissão realizada na sala do meu lar. Parecia uma festa! Todos os amigos e companheiros reunidos assistindo à reprodução das imagens como se estivéssemos assistindo a uma película.

Os anos passaram-se e Manoel tornou-se um bom homem, muito espiritualizado e voltado à prática do bem, seguindo os passos de seu pai, Miguel e sua mãe, Sabina. Tinha como grande influência a figura de seu avô, Aderbal. Era Professor do Instituto Acolhedor de Crianças Carentes, anexo à Casa de Madame Nancy. O trabalho social com as crianças cresceu e rendeu frutos com o decorrer dos anos.

A Esfera Espiritual que circundava o Instituto e a Casa, como já comentado, era muito diferente de quando estava encarnada e isso ocorreu em virtude da mudança energética promovida pelos próprios encarnados que vibravam em outra sintonia, em especial em virtude da iniciativa de Sabina, Miguel e Aderbal, que conduziram essa mudança. Finalmente os miasmas deletérios oriundos de energias densas e com propósitos menos dignos deram lugar a ondas vibracionais de amor e caridade. Estávamos todos contentes com o destino dado ao antigo cabaré.

No decorrer dos anos que antecederam a reencarnação do meu querido Daniel, foram necessários muitos cursos e orientações para que pudesse desenvolver o seu trabalho e a mim foi solicitado que participasse de diversas atividades e aprendizados para que o pudesse auxiliar em sua trajetória. Não era e não sou perfeita, muito longe de mim a perfeição, mas assumi a responsabilidade de ajudá-lo e para não falhar e atrapalhar, precisei me preparar por muitos anos e ainda continuei em constante estado de aprendizado mesmo após a reencarnação dele ter sido efetivada.

Eu e Jonathan nos reuníamos com seu Espírito em desdobramento durante o sono físico para traçarmos diretrizes e as ações necessárias a serem realizadas, de acordo com as necessidades e possibilidades de cada momento.

Manoel tornou-se um grande divulgador da Doutrina Espírita, teve acesso aos estudos das obras do Codificador Allan Kardec desde terna idade, e desenvolveu a mediunidade de cura. Realizava o trabalho caritativo em prol da divulgação Espírita em todo o seu tempo livre.

Miguel, Sabina e Aderbal encontram-se aqui comigo do outro lado da vida. Gioconda, agora como Luísa, reencarnou e assumiu a responsabilidade de ser companheira afetiva de Manoel. Juntos tiveram uma filha, Elisa, ninguém menos que Rosa reencarnada.

Somos todos uma grande família aguardando o retorno do nosso querido Manoel e também de Luísa e Elisa, com as quais não tinha nenhum laço de parentesco em vidas passadas, mas agora, espiritualmente, estou cada vez mais conectada.

Possivelmente quando eles regressarem à Pátria Espiritual alguns de nós tenhamos retornado ao plano terrestre, mas inevitavelmente estaremos unidos e conectados como almas afins que todos somos, irmãos de um mesmo Pai Maior de infinita bondade e misericórdia, que a todos nós guia e orienta.

Espero ter contribuído com todos ao narrar a minha breve história e trajetória de vida. Acredito que no decorrer das linhas apresentadas vocês tenham notado a mudança de minha personalidade, e venho lhes mostrar que todos somos capazes de crescer e evoluir, mas nada é repentino. Compreendi muitas verdades espirituais e aprendi com meus erros, mas continuo a adorar meu batom vermelho, meu vestido e minha rosa na cabeça. Não deixei de ser quem sou por ter aprendido mais e ainda tenho muito a aprender. Sigo sendo Lúcia. Sigo sendo também *Madame Nancy, la española!*

VOCÊ PRECISA CONHECER

POR QUE VOCÊ SE FOI?

Michele Vasconcellos

Romance • 13x20 cm • 216 pp

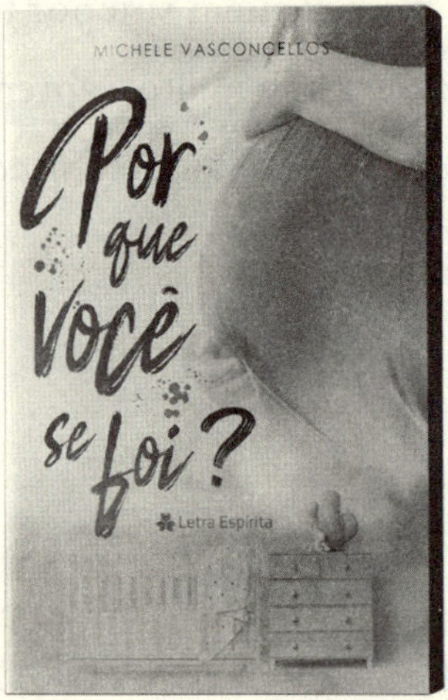

Micaela é uma jovem que traz consigo o sonho de ser mãe, mas, ao ver este sonho escapar-lhe pelos dedos entra em desespero e acaba tomando uma decisão drástica para tentar acabar com o sofrimento momentâneo.

Desencontros familiares, amizades e inimizades, dores e dessabores por hora incompreendidos começam a fazer sentido após o resgate de algumas memórias passadas.

ISBN: 978-65-88535-35-6

O LIVRO DOS ESPÍRITOS

Allan Kardec

tradução Guillon Ribeiro

Estudo • 16x23 cm • 384 pp

O Livro dos Espíritos é o primeiro e a principal obra da Doutrina Espírita e nos esclarece os princípios básicos acerca do Espiritismo.

A obra é composta por perguntas elaboradas por Allan Kardec e respondidas pelos Espíritos a diferentes médiuns, de diferentes localidades, cujo teor essencial dos ensinamentos foi condensado pelo codificador que desenvolveu a resposta ideal e teceu esclarecedores comentários acerca dos conteúdos apresentados.

ISBN: 978-65-88535-37-0

Pedidos: vendas@letraespirita.com.br | (22) 2738-0184 | (22) 99820-3332

VOCÊ PRECISA CONHECER

ALMAS APAIXONADAS

Rafaela Paes de Campos

Romance • 14x21 cm • 248 pp

Valentina e Lucas são almas afins que repelem-se e amam-se com a mesma intensidade, precisando absorver da vida grandes lições que os façam viver de forma plena esse amor tão esperado. Trazendo lições sobre almas afins, regressão de memória, estado de coma e etc., este romance nos ensinará o quanto nossos medos podem nos privar de viver a felicidade possível nesta Terra.

ISBN: 978-65-88535-32-5

O ESPÍRITO E O SOFRIMENTO

Jefferson Vasques

Estudo • 14x21 cm • 200 pp

Descobriremos as diversas formas pelas quais a dor se manifesta em nossas vidas, bem como os meios de dela nos emanciparmos. Compreender a dor, suas causas e formas, é substancial a todos os seres a fim de que possam valorizar a felicidade e avistarem a grandiosidade do poder do amor que cura as feridas da alma.

ISBN: 978-65-88535-39-4

Pedidos: vendas@letraespirita.com.br | (22) 2738-0184 | (22) 99820-3332